JN418893

맘으로 암도 고치는 마법의 말

단테처럼 생각하기

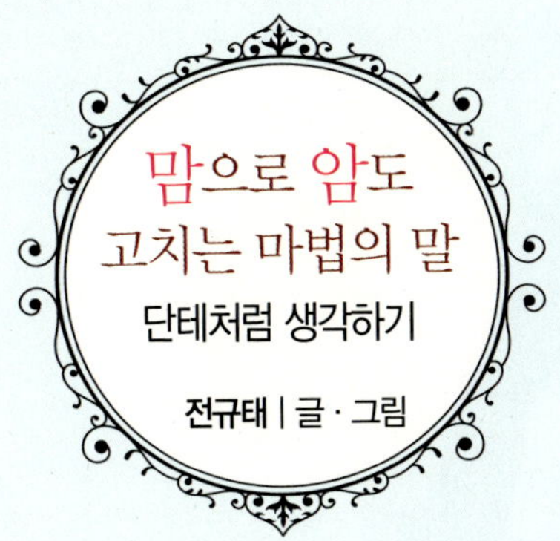

맘으로 암도 고치는 마법의 말

단테처럼 생각하기

전규태 | 글 · 그림

나눔사

사람의 몸은 작은 우주이고
축소된 자연 그 자체인 것이다
그러므로 자연태(自然態)의 삶을 누려야 자연스럽다.
따라서 자연의 이치에 맞도록 살아야 한다
나무처럼, 물처럼 살아야 한다
맑은 대기, 밝은 빛을 한껏 받아들여야 한다.
모든 것을 흐름에 맡기며
마음을 비우고 그 자체가 되어야 한다
대우주를 닮아야 한다
세상은 넓고 우주는 그 더욱 넓은
생각 따라 마음은 우주보다도 넓다.

온 누리를 알알이 떠도는 말과 말
그 천길 한결같은 마음일랑
푸르게 푸르게 쪽빛 물들이며
설움일랑 씻고
어려움일랑 딛고
밝은 내일을 기다리자.

불안을 걷고 마음을 하나로 모우면
확 트이는 해방감!
그 순간 마음 틔고 홀가분해진다.

어둠에서 빛을 쏟아내어 창조하는 일은
자연의 근원적 요구요 필연이다.

두 손 모아 영혼을 실어 기도하면
뭍에선 물 올려 삶을 품어 올린다.

시원한 그늘 드리우다가가 잎 떨구는 그대
그런 그대를 닮고 싶다.

저승으로까지 이어지는 영원의 길
그 영원한 영혼을 마음의 물 이랑 이랑 사이에서

아득한 나라의 이미지라도 떠올릴 수 있다면
그 삶은 그런대로 옹근 것이다.

나그네 길은 잊혀진 추억의 그리운 되새김
그러기에 여정(旅情)은 연정(戀情)이다.

기다림은 늘 여운을 남겨준다.

말은 자연에 대한 마법의 감정이다.
일상 어디에서나 보여지는 다양성에의 희열,
그 갈망이 곧 해답이다.

자연 속에 버무려져 누워야
산수가 마음 안에 들어온다.
누워야 하늘과 들과 사람이
한 데 녹아든 세상을 알게 된다.
자연이 주는 치유의 힘을 알 수 있다.

삶이 멜로디라면
사랑은 리듬이며
죽음은 축제를 위한 교향악이다.

사랑과 죽음은 동전의 양면이다
죽음의 그림자도 사랑의 빛을 밝힐 수 있다.

누구를 보낸 설움일까
뉘 기다리는 그리움일까
설움은 기다림을 낳고
기다림은 꿈을 낳는다.

말에는 씨가 있고
달에는 영생의 이룸이 있다.

꽃은 씨앗 속에 숨고
씨앗은 오늘 속에 숨어 있다.

성탄

온 세상 하얗게 하얗게
인류의 모든 허물과
죄 덮으시려고
가장 낮고 비천하게 오신 분
우리에게 가장 귀한
섬김과 사랑의 선물 주시려고
눈보라 헤치시고
이 땅에 오신
귀하디귀한 분

글 김소엽(대전대 석좌교수)

자연 속에 고독한 자기를 흘려냄으로
해방되고 순화된 마음가짐으로
자연의 변화 속에 순응되는 삶의 등불을
찾아나서는 길 – 그게 바로 여행이다.

고독은 공간이다
진공(眞空)의 공포, 이는 물질 그 자체가 아니라
인간 그 자체요, 자연 그 자체다.
고독에는 미적 유혹이 있다
고독에는 맛이 있다
다만 그런 고독의 보다 높은 윤리적 의의에
도달할 수 있느냐의 여부에 삶이 달려있다.

나를 버리면 남이 보이고
마음을 비우면 으레 채워진다.

자기가 자기임을 부정하고 자기주장만 하면
소외되기도 하고 외로워진다.

삶은 헌신(devote)이고
사랑은 나눔(donate)다.

자연을 그 발전 단계에 따라 살피면
점점 숱한 개성으로 분화한다.
이는 어둠에서 빛을 구하며 창조하는
자연의 근원적인 욕구가 무엇임을 알려준다.

반짝 꽃이더니
다시 어둠이 오고
나타나면 꽃이요
들어가면 열매요
잠들면 씨앗 되느니
지지 않는 꽃은 꽃이 아니다.

죽음은 관념이다
삶은 상상이다
상상은 현실적이고, 현실은 상상적이다
인생은 꿈이고 행복도 상상적이다.

인간은 허무 속의 점 하나다
그 점은 무한이 축소되기도 하지만
아무리 줄어도 떠있는 허무이기보다 인간의 조건이다.
생명은 허무가 아니다
하지만 이 조건은 파도가 '암'으로서의 바다를
떠나서는 생각할 수가 없다.

사랑은 인간 실존의 문제요 그 해답이다
훨훨 벗고 온몸을 던져 사랑해야한다.

사랑과 행복은 인격이다
옷을 훨훨 벗어던지듯
사랑의 행복을 쉽사리 벗을 수도 있어야만
행복한 사람이다.
사랑과 행복을 무기삼아 싸울 수 있어야만
이 둘을 공유할 수 있다.

결코 쉴 줄 모르고 영혼을 고즈넉이 품고
하늘을 닮으려고 비상하는 삶
비상은 허무를 응집하는 힘이다
이는 허무로부터의 형성력이다.

세계는 요소로 분해되고 인간도 그 요소적 세계 속에 나뉜다
그 요소 사이엔 관계가 인정되고 요소 자체가 관계로 나뉜다
형성은 여느 곳, 곧 허무에서 비롯된다.
허무는 그루터기로서 이룩되고, 여기에 형성의 본질이 있다
형성은 기능 개념과 실체 개념의 버무림이다.

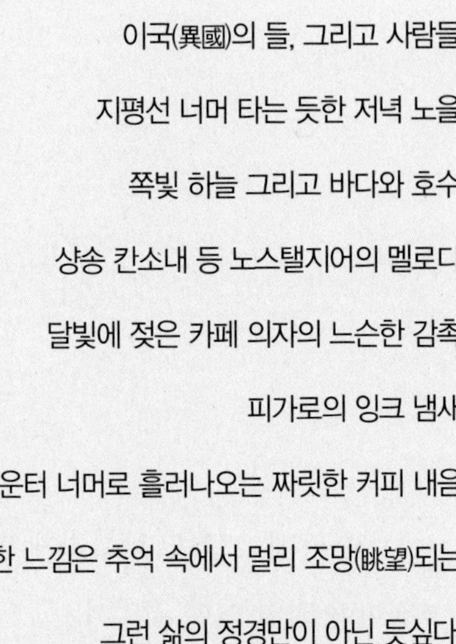

이국(異國)의 들, 그리고 사람들
지평선 너머 타는 듯한 저녁 노을
쪽빛 하늘 그리고 바다와 호수
샹송 칸소내 등 노스탤지어의 멜로디
달빛에 젖은 카페 의자의 느슨한 감촉
피가로의 잉크 냄새
카운터 너머로 흘러나오는 짜릿한 커피 내음
그 생생한 느낌은 추억 속에서 멀리 조망(眺望)되는
그런 삶의 정경만이 아닌 듯싶다.
생활 그 자체로 돌아와 반추해보는 아픔과 그리움
길에서 주은 무수한, 섬세한 감각의 미립자
가득 채운 그 선명한 이미지의 도가니
여행은 바로 그 '힐링'의 도가니다.

| 머리말 |

아름답게, 그리고 행복하게 인생을 갈무리하는 마음가짐이란 과연 어떤 것일까?

주변 사람들에게 되도록 폐를 끼치지 않고 살아가는 길은 무엇일까?

여러 가지 길이 있겠지만, 우선 내 마음을 비우고 남을 사랑하며, 낮은 자세를 지니는 일이 그 무엇보다 소중하지 않을까?

자기답게 산다는 것은 스스로의 개성을 한껏 살려 인간답게 사는 일일 것이다. 인간답게 산다는 것은 남의 아픔을 보듬어 줄줄 하는 연민의 정이다.

바로 인간다운 '정(情)', 문자 그대로 '푸른 마음'이다.

인간이 인간답게 성숙해지기 위해서는 늘 '역지사지' 하는 심정으로 남을 배려하는 의식이 필요하며, 이는 마음과 말씀이 갈무리한다.

나는 십여 년 전 '3개월 시한부 삶'을 고지(告知) 받고, 마음을 비운 끝에 객사(客死)할 각오로 떠난 노정(路程)에서 참 삶과 사랑의 의미를 배운 끝에 새 삶을 찾았다. 이 책에 수록된 그림은 시름과 아픔을 잊기 위한 힐링 여행 중 틈틈이 그린 소묘들이다.

지난 날 나는 욕심과 교만이 가득찬 인간이었다. 하지만 사경(死境)을 넘기면서 욕심을 다 내려놓고 마음을 비우고는, 한 갓 백지가 되었다.

남을 배려하고 나아가 사랑할 줄 알아야만 아름답고 값진 사람일 수 있다는 것을 뒤늦게나마 깨닫게 되었다.

인생 행로의 승자는 생명의 소중함에 항상 감사하며, 낮은 자세로 범사를 대하면서도 남의 행복을 통해 자기 자신도 행복해지는 사람이라고 생각한다.

나를 아낄 줄 알고, 동시에 남에게 베풀 줄 아는, '인간다운' 인간으로서 보다 적극적으로 살아가 보려고 하는 이들에게 이 조그만 책이 하나의 길잡이가 될 수 있다면 그 이상의 보람이 없겠다.

마음으로 울림을 받은 슬기로운 말들을 음미하며, 이를 조금이라도 실천해 본다면, 꼭 무언가 큰 변화가 느껴지리라고 믿어 의심치 않는다.

전 규 태

차 례

1부 | 마음만 있으면 못 이룰 게 없다

2부 | 불행 발, 행복 행

| 3 부 | 사랑, 그 찬란한 빛

| 4 부 | 마음을 다스리는 마법의 말들

| 5부 | 암을 마음으로 고친다

| 6부 | 사랑하는 마음, 사랑 받는 마음

전혀 아무 것도 할 수 없는 상황에서도 하고자 하는 마음만 있으면 스스로를 변화시킬 수 있고, 자신의 세계로 바꿀 수도 있다.

1부

마음만 있으면 못 이룰 게 없다

말한 대로 이루어진다

'하루에 세 번 반성(三省)하라'는 성현의 말이 있듯이,

스스로 어엿하고 옹근 사람이 될 수 있도록 반성하고

마음을 다스려야 한다.

문제는 자기 자신을 신뢰하는 것이다.

긍정적인 마음가짐으로 목표를 위해 전력투구하는 삶이 소중하다.

이를 위해 온 힘을 쏟는 일은 소중하다. 가치 있는 일이다.

한 번 뿐인 인생, 마음먹기 나름이다.

마음만 먹으면 마음대로 된다.

마음을 소중히 여기는 것은 말을 소중히 여기는 것이다.

말에는 영혼, 곧 언령(言靈)이 있다.

말한 대로 이루어진다.

뜻한 대로 성취된다. 기도가 이루어지듯이…

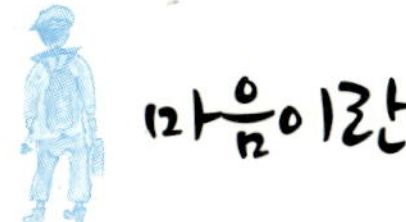

마음이란

마음이란
나이와 관계없이 허약하고
늘 무방비 상태로, 상처 받기 쉽다.
기댈 곳도 마땅치 않고
버틸만한 의지도 없어
늘 불안정하다.

마음이란
사물을 나쁘게 보려 하고
늘 외로워하고 고독을 못 견뎌한다.
무시당하면 쉬 위축되고 굳어진다.

마음만 일으키면 부족한 게 없나니
마음만 낸다면 모두가 그대로 인것을…

명상은 약이며 또한 감미롭다

마음이 불안정할 때는 단전에 마음을 모아 긴 호흡을 하면 곧 진정되고 '비전'도 주며 집중력도 높여 준다.

마음이란
단련과 수련만으로 강해지기는 어렵다.
왜 수행이 필요한 걸까?
자신의 허약함을 알기 위해서다.
그래야 자기 마음도 소중히 여겨지고
남의 아픔도 알게 되기 때문이다.

바깥에서 무엇인가를 얻고자 찾지 말라.
오직 스스로의 마음 속에
태양보다 밝은 빛이 있나니.

'창조적 마인드'는
이렇게 이미지를 딛고 넘어
곧잘 엄격한 사색으로
골몰해야 한다.

말은 생명이다

태초에 말씀이 있었으며

이 말씀이 하나님과 함께 계셨으니

이 말씀은 곧 하나님이시니라

그가 태초에

하나님과 함께 계셨고

만물이 그로 말미암아

지은 바 되었으니

그가 없이는

된 것이 없느니라

(요한복음 1장 1절~3절)

말은 하나님처럼 소중하고 존귀하다.

가장 아름다운 말은

사랑할 때와 죽을 때 하는 말이다.

언령(言靈)은 꽂힌다

생명은 힘이다
힘은 소리다
소리는 말이다.

재치 있는 말은
재치 있는 삶을 낳고
새로운 말은
새로운 삶을 살게 한다.

말에는 언령(言靈)이 있다.
기도처럼 하늘을 떠돌다가 소원하는 데에 꽂힌다.
요한복음의 서두에
태초에 말씀이 있었고
말씀은 하나님과 더불어 있었다고 하지 않았던가?

자연의 리듬 속에 안분(安分)해야

자주 짖는 개는 겁쟁이다.
새하얀 물거품을 내뿜고
파도가 부서지는 바닷가는 얕다.
끊임없이 잔소리만 하는 인간은
소심하기 이를 데 없다.

달인은 얼핏 범인처럼 보이지만
어느 날 홀연히 대인으로 보이게 된다.

놀라운 결집력이 있다 해도
개미는 사람만 못하고
사람이 아무리 자기를 뽐내도
절대자에게는 미칠 수 없다.

리듬을 자연스레 타야 한다

삼라만상은 정해져 있는 것이 아니다.
자연계는 하늘과 땅을 원초로 표징 되고 있다.
사람은 그 사이에서 태어나
그곳에서 살다가 죽어간다.
그러므로 자연의 리듬을 타야 한다.

그렇다고
자연의 시간과 리듬에 너무 집착하지는 말자.
광의(光衣)를 마련해야 한다.
마음가짐의 변화에 따라 세계는
자유자재로 바뀌어 간다.

인생을 풍요롭게 하는 것은
돈도 명예도 과학도 아니다. 오직 마음 뿐이다.
천지의 리듬을 탄 사람, 그 속의 마음 뿐이다.

나와 남을 견주는 기준

공자는 아꼈던 제자 안회의 삶을
'매우 훌륭했다'고 평가했다. 그는
"먹는 것은 밥 한 그릇에 국 한 그릇,
사는 곳은 쓰러져가는 오두막,
그럼에도 불구하고 안회는 불평은커녕
의연히 도를 닦는 즐거움에 도취되어 살았다"고.

흔히 사람들은 나와 남을 견줄 때
돈을 첫째 기준으로 삼는다.
하지만 보다 중요한 것은
나와 남이 서로 다름을 아는 일이다.

스스로 자기 분수에 만족할 줄 알아야 한다.
인내하며 안분(安分)하고 지족(知足)해야 한다.

서로 다름을 알아야 한다

위에는 위가 있고
밑에는 밑이 있다.
그것은 눈으로만 보지는 못한다.

빛이 있으니까 보는 것이다.
두 발로만 걸어 다닐 수는 없다.
세상에는 대지가 있고
길이 있으니까 걸어 다닐 수 있는 것이다.

몸이 어느 한 부분만 아파도
몸 전체가 아파온다.

한 가족, 한 집단 가운데
한 사람만 나쁜 짓을 해도
전체가 편안해지지 않고 피해를 입는다.

임운자재(任運自在)

흐름에 맡기자. 하지만 내 삶에

어떤 흐름이 있는지 자재롭게 살펴본 뒤

그 흐름의 부름에 넉넉하게 응답해야 한다.

얽매이지 말고 흐름에 맡기자

선과 악은 동쪽과 서쪽과도 같다.
절대선도 절대악도 없다.
동쪽으로 가면 서쪽을 잃고
서쪽으로 가면 동쪽을 잃는다.

오늘의 나는 내가 만든 것
내 몸에 지니고 있는 힘
내가 볼래야 볼 수도 없고
만질래야 만질 수도 없지만
나를 끌고 다니는 힘은
아득한 때로부터 있어 왔으니
모양만 바뀌었을 뿐
어쩔 수 없이 있어 왔으니
얽매이지 말고 마음을 새롭게 일으켜
자연스런 흐름에 맡기자.
그리하여 새로운 힘을 얻어 거듭나야 한다.

진실이란 단순하다

눈 앞에 있는 여러 모습이
모두 영원, 진실하지 않음을
먼저 알아야만 하느니
만일 잡념, 여념 없는 곳에
살 수 있게 된다면
왕후같은 여유를 즐기리니

진실을 파악하면 일시에
무엇이든 잘 알게 되느니

원래 일체가 공무(空無)한데
꿈같은 얘기들로 설하려드니
헛된 꽃에서 무슨 열매를 구하리오

— 백낙천의 「선경」

평범 속에 진리가 있다

당나라 시인 백낙천(白樂天)은 어느 날 진망산(秦望山)에 사는 도사를 방문했다.

산에 올라 한참 찾다가 가까스로 나무 위에서 그를 발견했다.

"도사님, 위험해 보입니다."라고 시인이 인사 겸 묻자, 도사는 간단히 대답했다.

"어사님이 더 위태로워 보입니다 그려."

"소생은 안전한 대지 위에 있는데, 어찌하여 위험하다 하십니까?"

"마음의 불꽃이 옮겨 붙어 활활 타오르고 있고,
의식이 흐트러져 날뛰니 어찌 위험하지 않으리오."

당시 백낙천은 정계에서 여러 모함으로
마음에 번민하다가 이 도사를 찾았던 것이다.
그는 곧 그의 처신을 물으니,

큰강도 한 방울의 물에서 비롯된다

"제악막작(諸惡莫作) 중선봉해(衆善奉行)"

도사는 '나쁜 짓하지 말고 선행을 실천하라'고 짤막하게 답했다.

"삼척동자도 아는 것을 새삼 알려주시다니요?"

시인이 또 물으니,

"삼척동자도 알지만 팔십 늙은이도 그걸 행하기는 어렵소."

가까이서 나를 찾아라

얻고자 하는 것을

멀리서 찾으려 들지 말라.

마음의 깨달음은 가까이에 있다.

다름 아닌, 본시 자기가 지니고 있었던 것에서 자각하게 된다.

자기 것으로 삼아, 거기에서 살아갈 수 있게 하는 것 뿐이다.

– 나쓰메 소세키

마음을 편하게 해주는 길

마음의 평안을 주는 길은 가까이에 있다.

나이와 관계가 없다.

언제나 무방비 상태에 있다.

마음은 쉽게 상처를 입게 마련이다.

받쳐준다고 해도

서 있을 수 있는 정신적 기반이 없다.

늘 불안하기 쉽고

또한 변하기도 쉽다.

마음은

열길 물 속보다 알기 힘들다.

아름다운 마음을 지니려는 마음가짐은

육신의 늙음을 이기는 길이다.

사물을 나쁘게 해석하려는 버릇이 있다.

마음먹기 나름이다

희망은 절망의 위험을 무릅쓰기 위해 필요한 마음이다.
노력한다는 것은 실망의 위험을 감수하는 마음가짐이다.
위험을 감수하는 사람이 자유인이다.

아무리 역경에 처해도 죽지 않으려고 마음먹으면 죽지 않는다.
죽음은 이길 수 있고 벗어 날 수 있다.
마음먹기에 따라 죽음은 겁나는 일이 아니다.
죽음은 우리에게 시간의 가치를 가르쳐주는 조언자일 따름이다.

– 레오 버스카글리아

그렇다. 주위에서 감동을 받을 수 없다면 그 상황을 바꿔보아라.
새로운 무대, 새로운 인물을 설정하는 새 희곡을 써 보는 일이다.

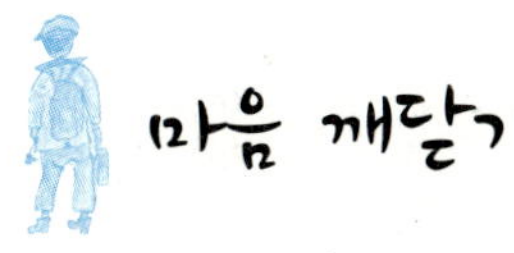

마음 깨닫기

마음은
곧잘 심심해하고 고독감에는 견디기 힘들어 한다.
무시라도 당한다면 더욱 견디기 힘들어 한다.
그뿐더러 위축되고 굳어진다.

마음은
어떤 엄격한 수행을 해도
제대로 강인해지지는 않는 법이다.
단련되어 강인해지는 것은 근육 뿐이다.
그런데도 왜 다스림이 필요한 것인가?
그건 그렇게 함으로써
인간의 마음이란 쉽사리 상처받기 쉽고
연약하다는 것을 깨닫게 해주기 때문이다.
이를 알게 되면 스스로의 마음은 물론
상대방의 마음도 알고 소중히 여길 줄 알게 된다.

삶의 격을 높이는 방법

3년 사귄 애인에게서 이별 통보를 받았다.

마음이 아팠지만 슬픔을 딛고 나를 돌이켜보는 계기를 삼았다.

그녀가 내게 얼마나 소중한 존재였는지를 곰곰이 생각해 보았다.

그리고는 그녀가 나에게 의미 있는 존재가 되어주었던

사실에 대해 새삼 감사의 마음을 느꼈다.

그리고 나를 객관적으로 돌이켜 보았다.

이런 자성의 노력이 슬픔을 품위있게

극복할 수 있는 길임을 깨달았다.

– 페터 비에리

'욱'할 때 격을 높이는 마음가짐

상대방이 못마땅할 때나 이해하기 힘든 행동을 했을 때 '욱'하지 말고 입장을 바꾸어 상대를 이해하려 하고, 상대의 자존심을 지켜주는 것이 품위 있게 사는 방법이다.
남이 나를 어떻게 생각하는가?
나는 남을 어떻게 대해 왔는가?
나는 나에게 어떻게 대해 왔는가?
이 세 가지 물음은 바로 존엄성으로 집약된다.
최근 사회적 물의를 일으킨 '땅콩회항' 사건, 검찰총장, 일류대 교수들의 연이은 성추행 사건들을 지켜보면서 나와 남의 존엄을 훼손하는 일이 얼마나 인생을 망가뜨리는 일인가를 되돌아보게 한다.

'욱'할 때 참아야 한다. 몇 발자국 물러서서 스스로를 돌아보자.

꿈을 꾸는 사람

창세기 37장에 야곱의 꿈과 형제들이 그를 질투하는 얘기가 있다.

요셉이 꿈을 꾸고 자기 형들에게 말하매 그들이 그를 더욱 미워하였다. 그의 형들은 시기하되 그의 아버지는 그 말을 간직해 두었더라
(창세기 37:7–11)

공수래 공수거(空手來 空手去)
세상사 여부운(世上事 如浮雲)

– 노자(老子)

사람들이 두려워하는 사람

사람들이 외경(畏敬)하는 사람
첫째, 꿈을 꾸는 사람
둘째, 소유에 집착하지 않는 사람
셋째, 죽음을 두려워하지 않는 사람
넷째, 빈 손으로 와서 빈 손으로 죽는다는
진리를 알고 마음을 비운 사람

이런 사람들은 미움을 받기 쉽다. 업신여김도 받을 수 있다. 하지만 이런 사람들은 작은 어려움과 시련을 겪게 되고, 이를 통해 인간적으로 크게 성숙한 인격자가 된다.
산은 높을수록 계곡이 깊고, 꿈 많은 사람은 깊은 시련이 있게 마련이다.
사람은 믿는 대상이기보다 사랑하는 대상이어야 한다.

행복은 멀리서 오는 것이 아니다.

우리 주변 가까이에 있다.

하지만 아직 거머쥐지 못한 것일뿐,

마음가짐에 따라 행복해질 수 있다.

행복은 역경과 불행에서 비롯된다.

지나친 행복에의 집착은 도리어 불행을 자초한다.

2부

불행 발, 행복 행

행복은 가까이 있다

행복은 멀리서 오는 것이 아니다
바로 내가 있는 곳에 있다
다만 붙잡지 못하고 있을 따름이다.

행복은 마음가짐 여하에 따라 없기도 하고
문득 찾아오기도 한다
스스로의 마음을 행운에다 맞추어야
참 행복은 찾아온다.

세상에는 눈으로 볼 수 없는 행복이 있다.
행복함이란 눈으로 볼 수 있는 것이 아니다
그것은 물질이 아니기 때문이다
하지만 사람은 온통 평안
그리고 행복을 찾기에 여념이 없다.

– 아우구스티누스

공자, 맹자도 좋지만 웃자, 감사하자

내가 하버드대에서 연구 생활을 하고 있을 당시 총장이었던 보크 박사는 "세계는 믿고 의지할만한 사조와 부를만한 노래를 찾고 있다"는 의미심장한 한마디를 던져 화제가 되었던 적이 있었다. 억만장자인데도 행복을 느끼지 못하는 사장, 돈과 미모, 매력, 인기를 한 몸에 받고 있으면서도 늘 불행을 느끼며 약물중독에 시달리는 여배우, 그리고 무엇 때문에 사는 것인지 분명히 인생의 목적을 알음직한 어느 대학의 철학과 교수 등 외견상 넉넉해 보이는 데도 자살을 시도한 경우를 예로 들어 흥미 있는 화두를 던졌던 그의 명연설이 문득 생각난다.

그 교수는 정신과 의사를 찾아가서, "선생님, 나는 요즘 울적하여 견딜 수 없습니다. 나처럼 불행한 사람이 어디 있습니까?"그때 의사는 교수에게 "웃고 살자, 감사하며 살자"라고 충고했다.

바로 '웃으면 복이 온다(笑門萬福來)'는 것이다.

고독한 초인(超人)

인간은

떠밀리기도 하고

마구 짓눌리기도 하고

아프게 힐책을 받음으로써

비로소 고독에 가까이 갈 수 있다.

고독과 아픔이야말로

우리 얼을 해방시키는 마지막 해방이다.

고독과 괴로움만이 우리를 부인하지 않고

우리 마음속의 심연에 이르게 한다.

외로워하고 괴로워하는 것이

인간의 위치를 결정한다.

인간만이 외로워하고 괴로워한다.

그러므로 인간은 웃음을 발견하지 않을 수 없었다.

— 니체

담장에 핀 꽃을 보고도 느끼는 행복

문명의 발달은 도리어 인간을 불행하게 만들기도 한다. 예컨대 노인들은 자식들이 자주 찾아오지 않고 전화도 자주 않는 경우, 자기 처지에 한숨을 지으면서 불행하다고 느낀다. 교통도 불편하고 휴대폰조차 없었던 시절의 노인들은 이런 문제로 불행하지 않았다. 안분지족하면 불행감이 없어진다. 곧 행복은 마음가짐에 달려 있는 것이다.

복권이나 경마로 횡재를 해도 불과 몇 달 안에 행복지수가 원래 눈금으로 돌아온다. 반대로 큰 사고나 재앙을 당한 사람의 행복지수는 시간이 지나면 자기 눈금으로 돌아 오는 회복력이 있다는 사실을 알면 행복감을 쉬 되찾을 수 있다.

빛나는 열쇠

교회의 첨탑처럼 쓰고 있는

열쇠는 항상 빛난다.

– 풀장크린

인간은 최악의 환경에서도 불행만을 느끼며 살지는 않는다. 문득 담벼락에 피어 있는 작은 꽃을 보고도 복권 당첨 이상의 행복을 누릴 수 있는 존재임을 우리는 깨달아야 한다.

마음 안에 행복이 있고 마음에 불행이 있다.
마음에 진리 있어 마음은 소중하고 값진 것
그런 마음으로 문을 열면 참 마음 보인다.

행복은 삶의 과정이다

대다수의 사람들은 스스로의 행복만을 바라고 살아간다.
물론 행복해지고 싶다는 바램이 없다면,
그는 스스로가 살고 있다는 사실을 모르는 것과 같다.

사람이 스스로의 행복을 비는 마음이 없이는
인생 자체를 생각할 수조차 없는 일이다.
모든 사람에게 있어 산다는 것은
행복을 얻으려는 과정이라 해도 과언이 아니다.

개인이 스스로 행복을 버리는 일은 미덕도 아니고,
의거도 아니다. 행복은 인간의 삶에 결코 피할 수 없는 과정이다.

— 레오 톨스토이

무딘 사람이 행복하다

애써 행복을 찾으려 들지 않는 사람들도 행복에 대해 전혀 무관심하지는 않다. 누구나 행복해지고 싶은 마음은 있게 마련이다.
인간의 어떤 행동도 행복해지고자 하는 행위이다. 톨스토이의 말처럼 산다는 것은 행복을 추구하는 과정이다.

현재 삶에 의욕에 넘쳐 행복에 대해 특별히 관심을 갖고 있지 않다면 그런 마음의 상태야말로 행복한 상태가 아닐까?
염세철학자 쇼펜하우어는 이런 상태가 바로 행복이라고 했다.

행복한 사람이란 무사하고 평온한 상태에 있고, 불행이나 괴로움 같은 것을 의식조차 할 겨를도 없이 일하는 그런 사람이 아닐까?

행 · 불행의 갈림길

흔히 하찮은 재물로는 만족하지 못한 채 부를 누린 사람을 행복하다
고 말한다. 이런 점에서 볼 때 야심가는 가장 딱한 사람들이다.
왜냐하면 그들이 행복해지기 위해서는
재물을 한량없이 긁어모으는 괴로움을 겪어야 하기 때문이다.

가장 현명한 사람은 큰 불행도 작게 처리한다.
어리석은 사람은 조그마한 불행을 현미경으로
확대하여 스스로 큰 고민 속에 빠져든다.

– 라 로슈푸코

행복의 출발점은

우리들의 삶을 기쁘게 하는 것이 욕망이지만, 불행하게 만드는 최대의 적도 욕망이다.

누구나 행복하기를 바란다.
하지만 어떻게 해야 행복해지는지는 것을 알기란 쉽지 않다. 불행하게 되는 것은 분명한 이유가 있다. 하지만 행복은 이것이다 하고 내보일만한 형태가 따로 없다.

병에 걸린 것은 불행한 것이지만, 병이 없다고 꼭 행복한 것은 아니다. 불행은 행복의 반대가 아니다. 불행 중에도 행복한 면이 있기 때문이다.

현대적 리고리즘

양심의 의무와 행복의 요구를 대립적으로 생각하는 것이 근간의 '리고리즘'이다. 하지만 오늘날의 양심이란 바로 행복의 요구다. 따라서 행복의 요구가 오늘날 양심으로서 복권 되어야 한다.

난치병 환자라도 항상 불행한 것은 아니다. 아픔 가운데서도 행복을 누리는 길이 있기 때문이다.

어떠한 욕구를 가지고 사느냐 하는 것이 스스로를 크고 깊게 만족시키는 갈림길이다.

그것이 행복의 과제다.

행복한 인생이란 바로 여기서부터 출발하게 된다.

행복한 삶을 누리려면

이성(理性)과 덕 그리고 부(富)를 탐하지도 않고
무엇에 겁내지도 않는 사람이야말로 행복한 사람이다.

참된 행복이란 덕 속에 있다.
이 덕이 당신에게 권하는 것은 무엇인가?
먼저 덕이나 악함이 원인이 되어
생겨나는 것이 아니면
당신은 어떠한 것이든지
선과 악을 평가해서는 안 되지만
그것이 틀림없는 선이라고 확신하면
악에 분연히 대항하고 선의 편에 서야 한다.

– 루시우스 세네카

변함없는 삶 속에 행복은 있다

돌이나 나무에게는 공포나 슬픔이 없다.
그렇다고 그것들을 행복하다고 말하진 않는다.
행복한 사람이란 바르고 확실한 판단에 의한 안정,
그리고 변하지 않는 생활을 영위하는 사람이다.

정신이 순수하고 악으로부터 해방되어
상처는 물론 손톱만큼도 다치지 않을
그런 운명이 구렁텅이로 밀어붙이려고 해도
스스로 차지한 그 자리에 머물러 있는 자는 행복하다.

그런 마음가짐을 지니면
무엇이든 안전하고 흠 없는 사람이 될 것이다.
무엇을 하더라도 헛수고가 되지 않고
그 어떠한 것에 의해서도 방해를 받지 않을 것이다.

그리스도의 산상수훈

심령이 가난한 마음을 가지고 살아야 합니다

애통하는 자가 될 때 위로의 복을 받습니다

온유한 자가 될 때 땅을 기업으로 받는 복이 있습니다

의에 주리고 목마른 자가 배가 부른 복을 받을 것입니다

긍휼히 여기는 자가 되었을 때에 긍휼히 여김의 복을 받습니다

마음이 청결한 자가 될 때 하나님을 뵙는 복을 받습니다

화평케 하는 자가 될 때 하나님의 아들이 되는 복을 받습니다

의를 위하여 핍박을 받는 자가 될 때에

천국이 주어지는 복을 받습니다.

행복은 바로 마음에 달려 있다

산상수훈은 다가올 행복을 강조한 놀랄만한 교훈이다. 오묘하고 심각하면서도 단순하다. 이 수훈만 따르면 이미 다른 사람, 곧 새로운 사람이 될 수 있다. 죽음을 앞에 두고도 마음의 평온과 삶에의 확신으로 행복해질 수 있다.

이 세상에서는 결코 외톨이가 되지 말아야 한다. 더불어 살아야 한다.

인간은 진리를 벗어나게 되면 방향감각을 잃는다. 그 진리란 바로 존재에 대한 진리다. 그리고 미래에 관한 진리다.

마음의 평온을 지키는 일이 소중하다. 하지만 이는 단순한 편안함이 아닌, 마음을 어지럽히는 모든 갈등이나 실망에서 벗어난 평온, 영혼의 평안, 삶의 시련이나 무거운

노력하면 꼭 길이 열린다

사람은 목표를 이루기 위해서만 노력하는게 아니라,

스스로 걸어갈 길을 넓혀가기 위해 힘써야 발전하고 성취한다.

짐에 굴복하지 않는 평안이다. 가난, 슬픔, 기갈, 궁휼, 핍박에서도 행복을 얻을 수 있다.

산상수훈은 천국에의 길만이 아니라 단테가 말했듯이 정화산 꼭대기까지 인도한다. 그곳은 지상의 낙원이 시작되는 곳이다.

평범과 이타(利他) 배우기

인간이 자기 몸에서 일어나는 것을 민감하고 청신하게 체험하는 시기는 젊은 시절이다. 그 후의 인생은 미루고 허무는 일들을 한다.

은근한 행복 속에서 나는 이런 지혜를 배웠다.

어떤 것이든 차가운 빛 속에 두지 말 것.

금박을 칠한 것을 다루듯이 조심스레 다룰 것.

결코 나태하지 말 것.

비교하지 말 것.

– 헤르만 헷세

행복의 반대말은 불행이 아니다

나는 행복의 반대를 불행이라고 여기지 않는다. 어쩌면 행복의 반대는 나태가 아닐까? 불행하다고 느꼈을 때 내가 너무 나태한 탓이 아닐까 생각하게 되었다. 행복이 있다면, 그것은 꿈과도 같은 것이 현실 속에 도사린 사소한 것으로, 자기 자신도 잘 느끼지 못할만한 것이 아닐까? 이렇게 생각하면 우리들이 불행하다고 여기고 있는 것들의 이면에 조차도 행복이란 있는 게 아닐까?
다만 우리가 그 행복을 자각하지 못하고 있는 것뿐이다.

우리가 행복과 불행을 헤아릴 때, 과연 무엇을 기준으로 하는 것일까? 그 기준은 '남'이다. 우리는 의례 남과 비교한다. 타인과 나를 견주어 보고 자기의 행, 불행을 느끼곤 한다. 이런 생각을 벗어던져야 한다.

일행삼매(一行三昧)

무엇인가에 집중하는 모습은

아름답기도 하고 행복에의 길이다.

우리는 공상을 통해 행복을 꿈꾸는 경우가 많다. 그리고 선망, 질투를 하게 되고, 나아가 자기 비하(卑下)하고 열등감을 느끼게 된다.
그것은 우리가 오랫동안 '체면문화'에 젖어온 탓이다.
"남의 눈을 의식하지 말자."
행복해 보이는 것보다는
행복해져야 한다.

참된 행복은 마음의 평안, 과정의 성숙,
사랑과 사명의 성취에 있다.

차면 기우는 자연의 섭리를 배우자

무엇이든 꽉 차게 되면

그 다음은 줄게 마련이다

자연은 우리를 속이지는 않는다

우리를 속이는 것은 우리 자신이다.

– 공자

매사에 최선을 다했다면 자연스레

결실이 맺어 지기(結果自然成)를

오직 기다릴 뿐이다.

– 달마대사

그러니까 자연은 살아있는 인생 독본이다.

밀물이 오면 이어 썰물이 오고

달도 차면 으레 기운다

꽉 차면 넘치게 마련이다.

자연을 거역하지 말자

자연은 고진감래(苦盡甘來)라는 것을 우리에게 가르쳐준다. 지나친 소유욕은 자연을 거역하는 일이며 스스로 행복을 포기하는 자학행위이다. 자연은 그야말로 살아 있는 필독 교과서이다.

공자는 죽음 또한 자연스런 이치이니 두려워하지 말라고 가르쳤다. 어느 날 제자인 자로가 스승에게 물었다.

"죽음에 대해서 알고 싶습니다."

"삶도 채 모르는데 어찌 죽음을 말하겠느냐."

자로가 다시 물었다.

"귀신 섬기는 법을 알고자 합니다."

"사람도 다 못 섬기는 판에 어찌 귀신을 말하겠느냐."

이 문답과 선어를 통해, 우리는 긍정적인 마음을 지니면 자연히 편안해지고 자신감이 생긴다는 것을 터득할 수 있다. 그리고 불안감은 사라지고 밝은 앞날이 펼쳐진다. 자기 주변도 아울러 편안하고 밝아질 것이다.

인생을 행복하게 사는 길

결점이나 모자람이 있더라도
있는 그대로의 내가 좋다.
울거나 웃거나
한 번 뿐인 인생이다.
넉넉한 마음으로 웃으며 살자.
신경은 무디게 하고
삶은 즐거워야 한다.
슬플 때에도
실의에 빠졌을 때에도
억지로라도 웃으면
어느 틈엔가 행복이 찾아든다.
행복의 신은
웃는 얼굴에 끌려온다.

나이 따라 바뀌는 행복관

사람 따라 조금씩 다르기는 하지만,
10대에는 과자로 인해 움직이고
20대에는 연인에 의해 움직이고
30대에는 쾌락에 의해 움직이고
40대에는 야심에 의해 움직이고
50대에는 탐욕에 의해 움직이고
60대에는 명예를 찾아 움직인다.
이것이 자연이다.........

하지만 법정 스님이 일찍이 말했듯이 영혼의 행복관에는 물론 나이가 없는 것이다.

물처럼 살고 싶다

물처럼 제 몸의 일부를 증발시켜

아름다운 구름으로 노닐다가

훗날 단비로 내려져서

싱싱한 생명나무를 기르는

물처럼 살고 싶다

– 김소엽의 시「물처럼 그렇게 살 수 없을까」

나눔은 행복의 근원이다

물은 고일만큼만 고이고는 아낌없이 아래로 흘러 보낸다. 더 지니고 싶어 욕심 부리지도 않는다.

과욕은 화의 근원이 된다.

깊은 산골 물은 목마른 이의 갈증을 언제고 풀어주지만 아무런 반대급부도 바라지 않고 그냥 주기만 한다.

나눔은 행복의 근원이다.

누구에게 고맙고 그리운 사람이 되려면 나누는 마음, 곧 자비스런 마음, 그리고 남과 공감을 쉽사리 나눌 수 있는 그런 마음을 지녀야 한다.

남을 배려하고 베풀때도 도파민이 분비되어 건강에도 크게 도움이 된다.

범사에 감사하라

삶의 지혜 네 가지

1. 고난을 지혜로 바꿔라.

2. 사소한 것을 소중하게 여겨라.

3. 감사를 배우라.

4. 꿈을 잃지 말라.

– M. 오프라

배고픔처럼 진실함은 없다.

내가 어려울 때 도와준 사람에겐 꼭 감사의 마음을 표하라.

감사할 줄 모르는 자는 교만하다.

감사는 깨달음에서 출발한다.

그래야만 비로소 겸손한 인격을 갖춘다.

– Rev. 노드로프

고난은 지혜로 다스려야

누구나 고난을 겪을 때에는 모든 것을 비우고 어려움을 이겨내야 하는 마음가짐이 필요하다. 어려움을 극복하면서 적응력과 지혜가 생긴다. 어려울 때 지혜가 생기고 명작도 낳는다.

아파보아야 건강의 고마움을 알고 음식의 소중함과 일용할 양식에 감사하게 된다. 배고픔처럼 진실은 없다. Nothing truth, but hunger. 우리 속담에도 사흘 굶으면 도적질 안할 사람이 없다고 하지 않는가. 하지만 고난을 지혜로 다스려야 한다.

비록 작으마한 것에도 소중히 여기고 사소한 친절도 고마워할 수 있어야 하며 늘 회개하는 마음을 가져야 한다. 구미(歐美)에서는 종일 'Q'를 수십 번 되뇌어야 한다. 즉 'Thanks'와 'Excuse' 다. 이 말을 빨리하면 그냥 'Q'로 들린다. 이스라엘에서는 '감사할 줄 아는 사람'(헬라어로 '뉴카레 토이')이 되는 교육을 어려서부터 집중적으로 시킨다.

꿈이 있는 한 인생은 아름답다. 꿈은 반드시 이루어진다.

영혼을 불태우는 사랑이란 전인적인 행위다. 영혼과 육체가 하나 되는 사랑이란 스스로의 생명을 다 불태워버려도 조금도 후회하지 않는 종교와도 같은 것이다. 외로울 때, 쓸쓸할 때, 괴로울 때 누군가를 사랑해 보라. 온몸을 던져 사랑하라.

3부

사랑, 그 찬란한 빛

사랑은 위대한 행위다

하나, 하늘에의 사랑
둘, 대지에의 사랑
셋, 하늘과 들이 낳은 사랑

음양의 우주는 진주다
민감하게 반응하고 곧 삶으로 결정(結晶)된다.

기쁨과 사랑은 드높이 비상하는 위대한 행위다
그 날개짓이다.

– 괴테

아낌없이 사랑하자

우리는 사랑할 때 사랑하는 그 대상을 통하여 하나요 전체가 된다. 어떤 사소한 것도 사랑만 할 수 있다면 우리는 외롭지 않다. 그 사랑을 통해서 세계로 묶여지고 삶이 밝아질 수 있다. 사랑으로 뭉쳐진 전체는 죽음까지도 내포되어 있다.

혼자서 고독을 한탄하기 전에 자기 주변에 있는 사랑에 눈을 떠야 합니다. 사랑은 늘 우리 곁에 있다. 상대방이 나를 어떻게 여길지 주저하지만 말고 과감히 손을 내밀어 사랑을 구하라. '이게 진정 사랑이다'라고 확신이 서면 껴안아라. 그리고 과감히 몸을 던져라. 그러면 사랑의 길이 훤히 열릴 것이다.

사랑은 약속이며 실존이다

사랑한다는 것은

단순히 강렬한 감정만은 아니다.

사랑한다는 것은

단단한 결의이고

옳은 판단이며 굳건한 약속이다.

—에리히 프롬

그렇다. 사랑은 인간 실존의 문제에 대한 해답이다.

인간 본능적 적용의 세계에서 벗어났다는 사실이다.

인간은 분리되어 있는 실존을 감옥 아닌

낙원으로 바꾸려면 반드시 사랑을 해야 한다.

사랑은 인간 실존에의 해답

여느 동물도 사랑을 하지만 본능적 욕구에 지나지 않는다. 하지만 인간의 실존에 있어서 본질적인 것은 인간이 동물계로부터, 곧 본능적인 세계로부터 벗어났고, 자연을 초월해 있다는 사실이다.
분리되어 흩어져 있는 인간 실존은 힘을 발휘할 수 있는 능력을 상실했다는 의미이므로 이는 불안의 원천이다. 또한 수치심과 죄책감을 불러일으킨다.

파라켈수스의 지적처럼 '아무것도 모르는 자, 아무 것도 사랑하지 못하고, 아무 것도 이해하지 못하는 자는 무가치한 존재다.'
하지만 이해하는 자는 사랑하고 사랑받을 수도 있으며, 삶을 제대로 누릴 수 있다.

어려울 때 사랑을 찾아라

역경에 처하면 사랑하고
노래하면 기도한다
이것이 내가 사는 힘이다.

— A D. 라마르티스

인생은 정이 있어 눈물로 가슴을 적신다
흐르는 강물, 강가에 피는 꽃과 같이
어찌 다 할 수 있으랴

人生有情 淚沾臆
江水江花 豈終極

— 哀江頭

역경을 이기는 사랑의 힘

인생이라는 무대에는 뜻하지 않게 갑자가 큰 구멍이 뚫리는 경우가 있다. 어려운 병에 걸린다든지, 사업에 실패하여 경제적으로 어려워지기도 한다. 그 밖에 배신, 가까운 사람과의 생이별, 사별(死別), 예상치 않았던 실연(失戀), 등 구멍이 숭숭 뚫리게 되는 것이 인생이다.

이렇게 구멍이 뚫리면 그 좋던 무대는 갑자기 좁아지고, 그게 부담이 되어 부자유스러워진다. 이때 구멍의 존재를 저주하거나, 또는 구멍을 피하면서 무시하고 사는 방식이 있다. 그러나 주어진 현실을 솔직히 인정하고 전에는 보이지 않던 현실을 직시하고 역경을 극복해 나가는 사람도 있다. 그런 사람이 가장 현명하다고 본다. 내가 이 방법으로 갖은 어려움을 견뎌냈기 때문이다.

사랑도 마찬가지다. 쉬운 사랑이란 없다. 으레 위기가 있게 마련이다. 이를 극복하려면 프롬이 지적한 결의, 판단, 약속이 필요하다.

사랑은 믿음에서 온다

사랑한다는 것은

반 이상이 믿음에서 온다.

— V. 위고

사랑은 주께서 가르쳐준 공부다.

— E. 스펜서

사랑은 다른 존재를 우선시키는 행위다

사랑은 사람을 행복하게 한다.

왜냐하면 사랑은 인간과 신을

맺어주기 때문이다.

사랑이란 자기, 즉 동물적 개인보다도

다른 존재를 우선시키는 것을 말한다.

— L. 톨스토이

제일은 사랑이다

'믿음, 소망, 사랑, 그 중에 제일은 사랑이다'라는 성경 말씀처럼 이 세상은 전부는 아니더라도 사랑에 의해 움직인다.
하나님을 사랑하고 하나님으로부터 사랑을 받는 자는 이 세상에서도 옹근 사랑을 누리게 마련이다.
사랑은 감사와 기쁨의 마음이다.

나날의 행동에 있어 인간은 스스로 하는, 즉 능동적이기보다는 어떤 흐름에 의해, 경우에 따라서 자기 의지와는 관계없이 수동적으로 행해지는 경우가 많다.
사랑도 마찬가지다. 스스로 하고 싶어서 하는 것도 아니고 반드시 사랑하고 싶다고 해도 사랑이 결실을 맺는 것은 결코 아니다.

대체로 사람은 자기 속에 소중한 구슬인 사랑의 마음이

일편호풍광(一片好風光)

눈에 보이는 것만이 세상이 아니고,

결코 전부도 아니다. 멀리 내다보는 마음가짐이 필요하다.

도사리고 있음을 짐짓 깨닫지 못한다.
따라서 그 사랑의 구슬을 닦아 빛나게 할 줄을 모른다.
이 구슬은 신축이 쉽고, 출입이 자유롭다.
마음의 상태, 외부의 상황에 부응하여 혹은
빛나기도 하고 감추어지기도 한다.
그 보석 같은 사랑을 믿음으로 찾아야 한다.

사랑하면 서로에게 구속되어야 한다.
하지만 아울러 서로에게 속박이 아닌,
자유의 날개 또한 달아주어야 한다.
그래야만 멀리 내다보는 거시적(巨視的) 안목이 생긴다.

인간적인 사랑

사랑은 인간적인 것이다.

목이 마르지 않아도 마시는 것과 어느 철에나 사랑을 하는 것,

이성 · 감정 · 직관을 지닌 인간이 동물과 구별되는 심리 구조다.

– 보마르셰의 「피가로의 결혼」에서

사랑은 불가항력적 바램이다.

사랑이란 불가항력적으로 요구되는 불가항력의 욕구다.

– R. 프로스트

사랑은 같은 생각을 하는 두 영혼이

하나 같이 뛰는 두 심장이다.

– F. 할름의 「황야의 아들」에서

사랑은 구원의 길이다

인간의 심리구조는 표면의식(이성), 무의식(감정), 그리고 초월의식(직관)이라는 3중 구조로 되어 있다.
사람이 태어나서 자라는 동안 감정과 이성은 많은 경험을 통하여 혼연일체가 되기도 한다. 그리하여 용암처럼 굳어지게도 된다. 사람들이 좋아하고 싫어하는 느낌이나 사고방식도 모두 이 용암덩어리 안에서 판단하게 된다.

3대 기반(사려, 조화, 활력)을 경시할수록 사람은 이기적으로 되고 초월의식으로 통로가 막히게 된다. 서로 다른 암괴가 제각각 다른 인생의 모양을 만들기 때문이다. 이를 극복하는 사람의 마음이 사랑의 감정, 사랑의 베풂이다.

사람들은 죽음의 불안 그리고 명예, 건강, 사랑, 자유를 잃을까봐 두려워한다. 하지만 사랑 하나만 잃지 않으면 그밖에 모든 불안은 해소된다.

묘약 같이 빛나는 사랑

위대한 광채로 빛나는 것

그것이 사랑이다.

사랑이란 전부이며

모든 것 이상이다.

–E.E 캐미즈

사랑은 묘약이다.

사랑은 사랑 자체가 즐거워하지 않고, 그 자체 때문에 근심도 없어지는 묘약이다. 하지만 사랑은 다른 것을 위하여, 평안을 주고, 때로는 지옥의 절망 속에서도 천국을 만들어간다.

– W. 블레이크

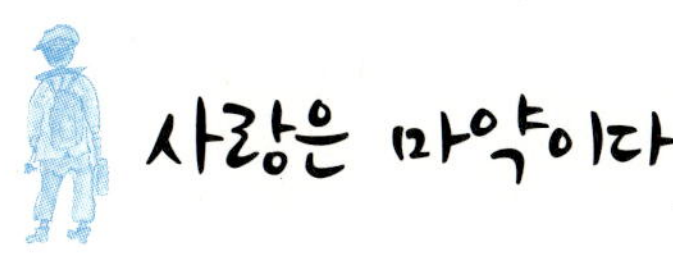

연애감정은 일종의 마법이다. 부모의 사랑, 스승의 사랑, 친구의 사랑은 많이 받는다 해도 외부의 풍경이 바뀌지는 않는다. 하지만 이성을 사랑하게 되면.

김소월이 「예전에는 미처 몰랐어요」에서 노래했듯이 얼마 전까지만 해도 아무렇지도 않았던 경치가 예전에는 미처 몰랐을 만큼 아름답게 보인다.

그런 사랑을 찾았다면 정말 감사하는 마음을 가져야 한다. 이는 더할 수 없는 축복이기 때문이다.
사랑은 모든 것의 광채요, 이상이다.

사상을 주입해주는 사랑

사랑, 그것은 여러 존재 가운데
최초로 태어난 소중한 것이다.

사랑, 그것은 한참 후에
'사상'을 낳기도 한다.

연애, 그것은 젊은이들에게는 불타오르는 듯한
강렬하기 이를 데 없는 즐거움이다.

연애, 그것은 어떠한 '신앙'보다도
강렬하고 어쩌지 못하는 것이다.

– 로망 롤랑

사랑에는 지성의 도움이 있어야

로망 롤랑은「매혹된 영혼」에서, 청년시절의 사랑의 힘이 얼마나 강렬한 것인가를 여러 예를 들어 강조한 바 있다. 그는 말년에 쓴「회상록」에서도, 마지못해 하는 사랑은 삶에 도움이 되지 않는다고 술회했다. 더욱이 지성의 동의가 없는 진리가 싫은 것처럼, 감정만이 앞서는 연애는 바람직하지 않다고 했다.

그의 정신은 참스러움을 바탕으로 하고 있다. 모든 형태의 밑바닥에서 참을 찾는 데 있다고 했다. 그리고 그런 여러 형태의 각 부위에 스스로의 경의(敬意)와 사랑, 또는 진정으로 믿으려는 나의 성향을 전적으로 쏟아놓았다고 회고하였다. 그의 숱한 사랑의 명언은 우리들의 가슴 속을 때로는 희망과 감격으로, 때로는 위로와 권유로 흥건히 적셔준다.

사랑은 기술이다

사랑이 기술일까
사랑이 기술이라면
거기에는 지식과 노력이 있어야 한다.

사랑은 운만 좋으면
겪게 되는 즐거운 감정일까
사랑은 우연히 경험하는 행운이 아니다.

그렇다고 해서
사랑을 중요하게 여기지 않는다는 뜻은 아니다.
사랑에 대해서 누구나
배워야 할 것이 있다는 뜻이다.

– 에리히 프롬

사랑을 모르면 쓸모없는 인간이다

에리히 프롬은 "사랑이란 바로 인간 실존의 문제에 대한 해답"이라고 강조하고 있다. 그래서 인간은 사랑을 원하고, 갈증을 느끼고 있는 데도 사랑이 차츰 자취를 감추고 있다는 것이다.

이와 같이 '사랑의 고갈 상태'를 벗어나려면 외부적인 원인보다도 우리들 내부에서, 심지어는 무의식층에까지 파고 들어가야 한다. 우리가 사랑에 실패하는 원인이란 기술의 미숙성에 있다.

흔히들 어떻게 하면 사랑 받을 수 있을까, 어떻게 하면 사랑스러워지는가에 신경을 쓴다. 거기에는 몇 가지 방법이 있다. 흔히 남자들은 성공을 해서 자신의 사회적 한계가 허용하는 한 권력을 장악하고 돈을 모으는 것이다. 여자들은 얼굴을 예쁘게 만들고 몸을 날씬하게 하고 특

형직영단(刑直影端)

꾸밈없는 사람의 모습이 자연스럽고 아름다운 것이다.

그러한 형상이면 그림자도 자연스럽고 아름다워 보인다.

바깥 형상을 통해 사람의 마음이 스며난다.

정 부위를 풍만하게 하며 옷치장을 하는 등 매력을 갖추려고 한다.

남녀가 공용하는 또 한 가지 매력 전술은 유쾌한 태도와 흥미 있고 유머러스한 대화술을 익히고 구사하는 것이다. 그리고 유능하고 겸손하고 둥글둥글하게 처신하는 것이다.

사랑을 붙잡아라

사랑은 어떻게 나에게로 왔을까

햇빛이 부어내리듯

꽃들이 눈처럼 내리듯

기도처럼 나에게로 왔을까

그것을 말해다오

하늘에서 내려와

그 날개를 펴고

내 불타는 영혼 위에 앉았습니다

– 릴케 「꿈에 관(冠)을 씌우고」에서

사랑은 운명이다

스스로는 어찌할 수 없는 어떤 힘, 스스로의 의지만으로는 막을 수 없는 불가사의다. 결코 주저하지 말고 뛰어넘어라. 자신감을 가져라. 꼭 이루어진다.

사랑은 마치 기도처럼 불현듯 온다.
영혼을 깊이 울리면, 하늘의 어느 곳을 향하여 손 모으고 무릎 꿇게 하는 겸손한 기도처럼, 꼭 그렇게 온다.

그리고 놓치지 말아야 한다. 꼭 붙잡아야 한다.
사랑은 스스로의 운명이기 때문이다.

나에게로 와 꽃이 된 이름

내가 그의 이름을 불러주기 전에는
그는 다만 하나의 몸짓에 지나지 않았다.

내가 그의 이름을 불러주었을 때
그는 나에게로 와서 하나의 꽃이 되었다.

내가 그의 이름을 불러준 것처럼
나의 이 빛깔과 향기에 알맞은
누가 나의 이름을 불러다오.
그에게로 가서 나도 그의 꽃이 되고 싶다.

우리들은 모두 무엇이 되고 싶다.
너는 나에게 나는 너에게
잊혀지지 않는 하나의 의미가 되고 싶다

–김춘수 『꽃』

새로운 의미, 새로운 존재

모든 사람은 저마다 이름을 갖고 있지만
그 이름은 세상에 자기를 나타내는 기호에 지나지 않는다.
하지만 사랑하는 이가 생기면 그 이름은
자기 운명 속에 자리 잡은 하나의 특별한 호칭이 된다.
이렇게 연인에게서 자신과의 동질성을
발견하였을 때 비로소 참 사랑은 시작된다.

어떤 것과도 바꿀 수 없는 의미가 사랑하는 마음속에 견고하게 자리해야 한다. 한 사람이 다른 사람에 의하여 깊이 영향을 받고, 그 삶의 설계를 바꾸고, 어떤 것을 꿈꾸게 된다는 것은 바로 그 사람이 세상에 태어난 몫을 충분히 하게 되었다는 의미이기도 하다.

사람의 마음은 늘 무방비한 상태로 놓여 있다. 그런 들떠 있는 마음을 스스로 지키지 않으면 안 된다. 외부의 힘으로 스스로를 고칠 수는 없다. 극히 예사로운 삶을 영위하면서도 자기 자신에 대한 스스로의 생각을 바꾸면 자기 자신도 어느새 바뀐다.

일단 바뀌면 쉽사리 되돌아가지 않는다. 아무리 애써도 마음이 바뀌지 않을 때에는 우선 언어와 행동을 바꾸면 마음도 바뀐다.

4부

마음을 다스리는 마법의 말들

텅 비어 성스런 건

텅 비어 있어서 성스러운 것인지 속된 것인지
마음에 대립 개념을 넘어서는 경지를 느껴라.
스스로 '空'을 얻지 않는 한, 이를 제대로 활용할 수 없다.
깨달은 지혜를 스스로 붙잡지 않으면
이를 충분히 자기 것으로 만들 수 없다.

—곽연 무성(廓然無聖). 대승경전

비우는 마음가짐 다섯 가지

첫째, 자기로부터 떠난 입장에서 넓게 바라보아야 한다.
둘째, 스스로 구애되지 말고 인사(人事)에 소탈하게 응한다.
셋째, 주어지는 상황에 맡겨야 한다.
넷째, 처해 있는 상황에 맡기고 자기로부터 벗어나서 발상하고 행동해야 한다.
다섯째, '공(空)'이란 '일체지(一切智)'인데, 이는 고뇌로부터 해방되는 지혜다.

이런 마음의 과정을 제대로 밟으면 20세기를 대표하는 작가인 카프카가 말한 '개인을 위협해 오고 있는 전체의 악마성'으로부터 벗어날 수 있다.

스스로 무심코 왔다가는 구름처럼
마음을 비우면 기회는 찾아 온다.
행복도 찾아 온다.

바보와 어진 사람의 차이

훌륭한 데도 얼핏 바보나 미치광이처럼 보이는 사람들이 있습니다.

하지만 그들은 결코 그런 사람들이 아닙니다.

아마도 그들은 편안한 현인일 것입니다.

그들은 뭣이든 알고 있습니다.

동양인은 그들을 예언자로 여겼고,

서양인은 반대로 바보 미치광이로 생각했습니다.

– H. 하이네

바보처럼 살아야 한다

바보처럼
무엇이 그렇게도 걱정되는지 지금 아무 일도 없고
당장 아무 일도 안 일어날 텐데.
모든 게 아무 것도 아닌 거지.
인생이란 다 그런 건데 하며 살아야 한다.

바보처럼
새파랗게 질려서 저지른 일에만 마음을 쓰지 말자.
지나간 일은 이미 끝난 일인데 공연히 스스로를
괴롭히지 말고 멍청한듯 살아야 한다.

참 바보는 멋진 바보다.
그런 바보는 선각자이고 현인일 수 있다.

스스로를 지배하는 자유

분별에는 선택이 작용해 집착하게 마련이니

망상을 버리고(莫妄想) 자유로워져라.

–무업(無業)선사

집착을 버리고 자기 자신이 스스로 마련한 법에

따르는 것이 참 자유이다.

인간은 자기 감시 없이 자기 자신을 제대로 확립하기 어렵다.

방임은 지나친 욕망을 일으키게 하고 감정이 산만해진다.

참 자유는 스스로를 잘 다스려 의지적으로

살아가도록 유도하는 것이다.

나 자신이 나의 주인이다

지나친 욕망과 동물적인 감정에 대하여 스스로를 지배하는 지혜가 필요하다.

자신이 주인임을 보증하기 위한 자유가 필요하다. 이는 자신의 앞날을 열어주는 자유이며,
잘못된 길로 갈 때 스스로를 용납하지 못하는 것도 나를 지키기 위한 자유이다.

참된 자유란
정신에 의한 자기 구속이다.

왜냐하면 자유는 스스로를 지배하기 때문이다.

유연한 마음에서 우러나는 행동의 참 힘

우리가 이 세상에서 해야 할 일은 훌륭한 돌파구를 만들려 하기 보다는 일상에서 충실하게 행함으로서 세상을 바꾸는 것이다.

나의 사려 깊은 시도가 세상 전부를 구해내지는 못하지만, 바로 이 순간 몇 사람에게는 진정한 변화를 가져다 줄 모티브가 될 수 있다. 그것이 중요하다.

– 해럴드 쿠시너

깨달음과 실천이 앞서야

매사는 마음속 깊숙한 곳에서
샘솟듯 우러나와야 한다.
그래야만 샘솟듯 용솟음치는
행동이 스스로 이어지게 된다.

샘솟듯 우러나와도 이제저제 미루기만 한다면
스스로를 변명할 여지가 없다.

소신을 위해 과감히 행동하라.
때로는 위험도 따른다.
더 경계해야 할 것은 침묵한 채
아무 것도 하지 않는 자세다.

유연한 마음은 집착과 편견으로 굳어진 자아를
버리고 진정으로 자유로워진 마음이다.

자유로운 삶의 주인공은 '나' 자신이다

아무것도 하지 않는다면 스스로가
행동할 권리를 포기하는 일이다.
그것은 타인에게 통제 권한을 넘겨주게 되는
어리석은 짓이다.

진정한 자신을 찾아야 한다.
순진무구한 나로 돌아가려면, 어렸을 때의
마음을 떠올려 본래의 자기 모습을 찾아야 한다.
이는 바로 '나는 무엇인가'에 대한 답이다.

아름다움은 사랑 안에서만 자란다

아름다운 삶이란 싹을 틔우는 것이다.

싹을 틔우는 힘은 바로 사랑에서 나온다.

아름다움이란 사랑 안에서만 자란다.

– 빈센트 반 고흐

마음은 비워야 채워진다

아름다운 삶이란 흙을 뚫고 두 팔을 벌리듯 희망을 향해 솟아나는 싹과도 같다. 삶을 날마다 새롭게, 긍정적으로 열심히 살아가야 한다. 삶에 대한 사랑, 나에 대한 사랑, 그 사랑이 바로 참되고 아름다운 삶을 만든다.

고정관념을 버려야만 한다. 묵은 물이 채워진 컵에는 맑은 새 물을 부어도 넘쳐흐르고 만다. 새 물을 담으려면 먼저 묵은 물을 다 버려야 한다.

마음을 새롭게 하려면 선입관념을 버리고 마음을 비워야 한다. 육체적 지혜로부터 벗어나 전체적 생명 속에 던져야 한다. 전체와의 일체감 – 이를 참 사랑이라고 말할 수 있다. 곧 삶의 지혜란 사랑 안에서만 자랄 수 있다.

내면으로부터 격려하라

외부로부터 오는 격려도 좋지만 그것이

꼭 외부로부터 와야 할 필요는 없다.

그리고 결코 스스로를 자책하지 말아라.

지금 힘이 드는가?

하지만 한 순간일 뿐이다.

인간의 힘이 미치지 않는 큰 파도에

몸을 맡길 줄도 알아야 한다.

– 블라디미르 즈보리킨

새로운 삶의 걸음

빗길을 걷다가

나는 갑자기 발을 멈췄다.

보도 위에 물이 흥건히 고여 있었기 때문이다.

고인 물의 수면에 내 얼굴이 비친다.

누군가가 내 어깨에서 무거운 짐을 걷어가는 듯 한결 몸이 가벼워졌다.

돌이켜 보면, 내 마음에서 일어난 이 변화는 가치 있었다. 그리고 즐겁기도 했다.

가치 있는 새로운 내 인생에의 제 1보였다.

그렇다. 내가 태어나기 전에 선과 악의 마음을 점지해 달라고 기원하지는 않았을 것이다. 악한 마음의 존재는 내 책임이 아니다. 스스로를 힐책하는 것은 어리석은 일이다.

'고요(靜)'를 유지할 때 비로소 트인다

고독에는 미적 유혹이 있다

고독에는 맛이 있다.

인간에게는 고독한 시간이 필요하다. 그 시간 속에서 진정한 자신과 마주할 수 있다.

인생행로에 있어 문제는 '고립'이지 '고독'이 아니다.

선과 악 어느 목소리에 따르느냐 하는 결정권은 내게 있다. 그리고 그 결과는 물론 내 책임이다.

내 안에 다 있다

내 속에 모든 것이 있다.

– 베토벤

훌륭한 사람들의 배경에는 그 삶을 살아나갈 수 있도록 도와 준 길잡이와 원칙들이 있다.

– 조지 로리너

삶의 목적은 스스로 설정해야

모든 것은 바로 내 안에 있다.
오로지 내 안에서 삶을 찾으면
결코 실망이란 없을 것이다.
삶이라는 것은 운에 의해 결정되는 것은 아니다.

훌륭한 사람이란 삶의 확고한 목적을 지니고
스스로의 삶을 설계한 사람들이다.

아무리 어려워도 꿈을 지녀야 한다.
꿈은 꼭 이루어진다.
꿈은 다른 데 또는 남에게서 꾸어오는 것이다.
그리고는 자기 것으로 만드는 것이다.

있는 그대로 자기대로 사는 길

나는 줄곧 기독교계 학교를 대학까지 다녔다. 내가 다니던 교회의 강학만 목사님은 이렇게 가르쳐주셨다.

"크리스천으로 깊은 신앙생활을 하려면, 매일 십자가의 체험을 해야 한다." 'I'는 영어로 '나'인데 이 I에 옆으로 획을 그으면 십자가가 되는 것이니 하나님에게 스스로를 바쳐 그 인도하심에 따라 살아야 한다"고 덧붙이셨다.

나의 좌뇌는 분명 기독교적이다. 하지만 우리 조상이 오랫동안 그러했던 것처럼 불교의 가슴을 지니고 있다. 그런 탓인지 '나'를 눕히는 것은 바로 마음 비우기, 자기 낮추기로 받아들였다.

오늘날 많은 사람들이 종교적인 갈등이나 마음의 병에 걸려 있는데, 세계적으로 보편적인 요법은 "스스로의 마음 안정을 위해서는 있는 그대로의 자기대로 사는 것"이라고 한다.

반성과 회억은 적당히 하자

반성이란
과거를 끌어들여
과거에 사는 것,
회억(回憶)하는 것이다.
과거를 깊이 반성하면 할수록
웃음과 삶의 보람을 잃어버리게 된다.

반성한다고 해서
결코 인간은 고쳐지지 않는다.
근성이 도리어 굳어지거나
마음의 안정이 안 되기도 한다.

매일 아침
어제 일, 아니 어제까지의 일을
깡그리 잊고 새롭게 출발하자.

계속 꾸준히 한다는 것은 바로 '힘'이다

스스로 하고 있는 일을 성패의 잣대로
재려들면 무엇이고 계속하기란 힘들다.
전구를 발명하기 위한 목적으로 집에 칩거하여
수천번 실패를 거듭했다는 에디슨도 스스로 계속하는 과정
모두를 하나의 경험으로 여겼다.
그는 그 즐거움으로 '계속하는 힘'을 비로소 체험했다고 한다.
그랬기에 그는 천재적 '발명왕'이 되었다.

교향악단은 연주가 끝나면
결코 악기를 조율하지 않는다.

무심경애(無心境涯)란 선어의 말이 있다. 이 말은 일상의 다양한 감정에서 벗어난 '자유자재(自在)'이며 '일체의 것으로부터 빠져나온'마음, 즉 '무심의 중요성'과 무엇이든 '계속해 나가는 힘'이다. 이렇게 계속해서 답을 구하면 눈이 트인다.

지나치게 집착하지 말자

나의 결점은 타인과 맺은 인간관계에서 드러난다.

그렇다고 이것이 스스로를 고립시키는 것이

아니므로 지나친 반성은 금물이다.

– 메릴 마르코

지나치게 지난 일에 집착하지 마라.

인생은 바로 오늘이 중요한 것이니

과거에 지나치게 매달리거나

괴로워하는 것은 바보짓이다.

– 야마사끼 후사이찌

말을 해야 마음이 통한다

'말은 해야 맛'이다. 하지만 신중해야 한다.

"말로서 말 많으니 말 말을까 하노라"하며 말을 지나치게 아낀다면 마음과 마음이 소통할 수 없다. 이심전심(以心傳心)은 옛말이다.

서로 말이 없으면 마음이 통할 수 없다. 서로가 안심하고 지내려면 의사소통이 필요하다.

이심(以心)이 전심(傳心)된다면 오늘날 이혼이 격증하고 인간관계가 이렇게 나빠지지 않았을 것이다. 잠자코 있어서는 마음이 안 통하기 때문에 말하는 것이 더욱 소중하다.

우리에게 가장 중요한 것은 마음가짐 못지 않게 말 쓰임새이다. 말에 의해 사람의 표정도 태도도 변하게 마련이다.

거짓 행복에 속지 말라

거짓 행복에 속지 말라. 그건 참다운 행복이 아니다.

자긍심 있는 행복은 막연한 맹신 속에 도취된 행복보다는

훨씬 더 크다는 것을 잊어서는 안 된다.

봄은 겨울이 되어야 그 참 맛을 비로소 알게 된다.

자유에의 사랑은 감방 속의 꽃이다.

감방 속에 갇혀 보아야만 자유의 가치를 비로소 알게 된다.

젊은이를 쇠약하게 하는 것,

그와 꼭 같은 것이 젊은이를 굳세게도 한다.

어느 시대이건 하나의 스핑크스가 있다.

사람들이 그 수수께끼를 풀어버리면

그와 동시에 불행해지기도 하고 망해 버리기도 한다.

– H. 하이네

남과 견주지 말자

결혼은 해도 후회, 안 해도 후회라는 말이 있듯이 아마도 인생 만사는 해도 후회, 안 해도 후회가 있게 마련이다. 하지만 그런 생각만 하고 망설이다 보면 삶을 영위할 수 없다.

인생은 기나긴 여행이다. 험준한 산도 있고 바다도 가로놓여 있다. 길이 없으면 길을 만들거나 다른 길을 찾아야 한다. 앞으로 무슨 일이 일어날지 아무도 모른다. 다만 그런 과정을 통해 얻은 고난의 경험을 통해 배우고 성장해가며 참 행복이 무엇인지 추구할 수밖에 없다.

흔히 사람들은 상대적인 비교를 통해 행 · 불행을 느끼고, 행복은 미래라는 생각으로 오늘을 소홀히 한다. 하이네는 시적 비유를 통해 이를 잘 지적하고 있다.

생각을 말로 표현하자

생각을 속에 감추어 둔다는 것은 마치
스스로를 숨기고 있는 것과 마찬가지다.
표현해야 다른 사람이 내가 어떤 사람인지를 알게 될 것이다.
설령 오해 받을 일이 있을지라도 내게는 매우 중요한 것이다.
나의 믿음이나 가치관을 다른 사람에게 알릴 수 있도록 표현할 때
내 말은 생명력을 얻고 더 구체화될 수 있는 것이다.

– 오드르 로드(Audre Lorde)

역경을 축복으로 감사하자

키에르케고르는 절망의 보편성과 가능성의 절망은 필연성의 결핍에 있다는 것을 강조하면서 특히 예술가가 불행한 운명의 별 밑에서 태어나는 것은 결과적으로 보면 반드시 불운하다고만 할 수는 없다고 말했다. 가령 이상이나 김소월 그리고 이중섭이 오늘날 '줄타기 잘하는 작가'들처럼 오래 살고 편안하게 살았더라면 지금 우리가 알고 있는 이상이나 김소월 이중섭이 되지는 않았을 것이다.

베토벤의 귀 질환, 모차르트의 류마티스성 질환, 슈만의 불안 증세, 쇼팽의 결핵 등 예를 들자면 너무나도 많다.

돌이켜 보건대 이 같은 천재들조차도 병과 가난, 그밖에 한계 상황에 쫓기지 않았더라면 과연 그 놀라운 독창성이 그들의 작품 속에 발휘 되었을까?

시골티 나는 순수성은 아름답다

순수함의 알맹이는 자연스러움, 어린아이 같은 마음, 사랑의 마음, 그리고 초심(初心)이다.

천국도 자연스럽고 어린 마음 같아야 들어갈 수 있고,
야생화처럼 어려움 속에서 피어난 꽃이 아름다운 것은
그 때문이다.
그러므로 역경을 축복이라고 생각해야 한다.
그래야만 마음도 안정되고 진취력이 생긴다.

지금 이 순간에 최선을 다하자

지금 이 순간이 가장 중요하다. 왜냐하면 과거와 미래를 연결하는 다리이기 때문이 아니라 그 순간이 담고 있는 내용 때문이다.

우리가 받아들일 충분한 능력을 가지고 있다면 최선을 다하라. 이는 우리의 텅 빈 구석을 가득 채워 주리라. 그리고 자기 자신의 것이 될 수 있게 하리라.

마음은 끊임없이 많은 생각들로 차 있다. 희귀한 '존재의 순간'을 애써 잡아야 한다. 완전히 그 순간에 최선을 다해 존재할 때 시간이라는 노선을 잃어버린다. 그리고 이 순간이야말로 내가 필요로 하는 전부였음을 발견한다.

– 다그 함마르셸트

이 세상에 없어서는 안 될 소중한 '금'쪽 세 가지가 있다.

1. 황금, 2. 소금, 3. 지금

'황금'(돈)과 '소금'은 지나치게 즐기면 독이 되지만

지금을 한껏 즐길수록 약이 된다.

먼저 자긍심을 가져야 한다

자애 자중하는 것이 일을 그르치지 않고
성공하는 비결이다.

경건하고 자존심을 갖는 것은
큰 기쁨이며 즐거움의 꽃이다.

값싼 자존심에 빠지지 말자.
인생에 대해 너무 많은 것을
기대해서도 안 된다.
스스로의 능력이나 노력을 잊어버리고
너무 큰 것을 바라는 사람 가운데
인생에 실패하는 이가 많다.

나는 소중한 존재다. 자신을 무시하거나 함부로 대하지 말아야 한다. 그 누구도 나를 대신할 수 없다.

즐겁게 살자

살아가는 목적을 깨닫고 보니
그것은 바로 즐겁게 사는 것이다.

아마도 내 인생은 생각보다
그렇게 복잡한 것이 아닐지도 모른다.
중요한 것은 삶을 바르게, 즐겁게
사는 것이다.

– 리타메 브라운

삶을 즐겨라

"카르테 디엄.." 우리말로는 '현재를 즐기자(Seize the day)', '삶을 즐겨라'로 번역되는 라틴어이다. 영화 「죽은 시인의 사회」에서 키팅 선생이 학생들에게 자주 하던 말이다. 영화에서는 전통과 규율에 도전하는 청소년들의 자유정신을 상징하는 말로 쓰였다.

사치나 향락에 빠져 인생을 낭비하지 말고, 아무리 어렵고 힘든 일상이라도 결코 좌절하거나 실망하지 말자. 주어진 여건에 만족하며 늘 즐겁고 긍정적인 자세로 살아가야 한다.

마음의 문제는 스스로 해결해야

자기 부정을 하며 산다는 것은

허무한 세계를 사는 것이다.

–아드레유 「끊이지 않는 이야기」에서

내 삶을 유택하게 하는 건 나다.

누군가 다른 사람이 내 삶을 보다

윤택하게, 보다 알차게, 또는 보다 만족스레

해주기를 기다리거나 기대하다 보면

내 스스로는 계속 손발이 묶여 사는 꼴이 된다.

– 캐슬린 T. 앤드러스

아이 앰 OK, 유 아 OK

심리학, 특히 교류분석학 분야에서는

아이 앰 오케이(I am O.K)

유 아 오케이(You Are O.K)

이 두 마디를 힘주어 가르친다.

하지만 이 효과는 잘 알 길이 없다.

여러 전문가에게 물어 보아도 신통한 해답이 안 나온다.

스스로 체득해야 한다는 것이다.

유명한 학자도 해설자에 불과했다. 두 번 다시 못 올 인간의 과거를 근거로 한 이 학문이 오늘을 사는 인간에게는 별로 큰 의미가 없고, 근본적 해결책이 못 나온다는 의문을 담고 있다.

나를 사랑하는 법

굳이 남들 앞에서 강해 보일 필요가 없다.

있는 그대로를, 내 약점조차 인정하고 가능한 유리하게

바꿔 보자고 생각한 뒤에야 열등감에서 벗어날 수가 있다.

— 엔도 슈사쿠

교만보다 열등감이 더 무섭다

스스로의 마음의 문제는 완전무결한 나 자신을 찾고 지금의 나를 부정해서는 결코 해결될 수 없다는 것이었다. 무엇보다도 자기 긍정이 필요하고, 자기 가치관에 의한 판단이 중요하다.

자신을 잃으면 외로워진다

외로움이란

자기가 자신임을 잃어버리거나

자기가 자기임을 부정하며

고독감과 열등감의 틀 안에

숨어버리는 것이다.

외로워하면

남을 사랑할 수도 없게 되고

바라는 것만 많아져서

점점 더 외로워지게 마련이다.

변화와 성장

살다보면 삶이 권태롭기도 하다.

구덩이에 빠져 허우적거리는 것 같은 느낌이 들 때도 있다.

건강한 유기물들은 자연스레 성장하며, 인간 또한 마찬가지다.

이해심과 경험이라는 귀중한 보물 보따리가 더 이상 불어나지 않는 것 같아 보이면 무엇인가가 잘못된 것이다.

변화는 두려운 것이지만, 우리는 상실했던 마음의 양식(bon sense)를 찾아야 한다.

좀 더 성숙하려면 무엇이 필요한지를 알아내기 위해 새로운 실험을 해야 한다.

변화와 성장은 대담하게 스스로를 삶의 시험대에 올려놓았을 때 이룩된다.

나의 아포리즘 - 스스로를 살리는 길

1. 자기가 만점임을 믿고
   그 만점을 기준으로 하여
   세상을 살아나간다는 것
   이것이 인간의 정신적 토대가
   비로소 마련되는 계기가 되는 것이다.
   그리고,

2. 행여 잘못된 일을 저지르는 경우가 있더라도
   바로 바꾸고 만점 방향으로 향할 수 있으므로
   머리와 마음이 한결 깨끗해지고

새로운 두뇌 회전이 잘 될 수 있다.

그리하여,

3. 인생의 출발점이 보이기 시작한다.
또한 자기를 해방시키게도 되며
'삶'을 연소시킬 수 있게 된다.
아울러 즐거운 인생이 찾아오게 된다.

4. 인간이기 때문에
착한 마음 뿐만이 아니라
악한 마음도 아울러 지닐 수 있고
장점도 있으며 단점도 지닐 수 있으나,
태어난 그대로의 내가 좋다는
이런 마음을 지니고 있음을
알았을 때 스스로 만점임을 알고
자기 속에 안주할 둥지를 찾게 되고,
자기 탐구의
길고 긴 여행이

비로소
끝을 맺게 된다.

5. 스스로에게 만점을 주는 것으로부터
참 인생, 새 인생이 비롯된다.
스스로가 옹근 존재임을 알게 되면
비로소 인생의 참 모습과 그 반대의 허상도
짐짓 깨닫게 된다.

6. 그대로의
자기 자신을 인정하면
안심이 된다.
편안해 진다.
그리하여
스스로를 확실히 파악하고
또한 잘 관리할 수가 있다.
있는 그대로의
스스로가 자기 자신인 것이므로

이 세상의 어디를 헤매고
찾아본다 해도 똑같은 '나'는 없다.

7. 나는
나일 뿐이다.
나와 똑같은 사람은 없다.
세상의 유일한 존재다.
그러므로
나는 세상에서 가장 소중한 존재다.

8. 스스로를 붙잡고 사랑하자.
첫째, 긍정적으로 마음을 다잡아라.
둘째, 결코 자책(自責)하지 말아라.
셋째, 자기 자신은 철저히 자기편이다.
넷째, 자기를 꼼짝없이 잡아라.
다섯째, 자기를 해방 시켜라.

무딘 마음을 지니면
어떤 난치병에 걸려도
엔케이 세포가 증식되어
능히 이를 극복할 수 있다.
또한 뜨거운 사랑으로
병을 퇴치할 수 있다.
내일 종말이 오더라도
사과나무를 심는 마음의
여유가 필요하다.

5부

암을 마음으로 고친다

집착하지 않고 마음 비우기

자기에게 집착하지 않으면
모든 존재는 내 앞에 모습을 드러낸다.
그 행동은 흐르는 물과 같이 자연스럽고
고요함은 명경(明鏡)과 같으며
웅대함은 소리의 울림같이 자연스럽다.
명성의 노예가 되지 말라.
돈과 일의 종이 되지 말라.
지혜의 주인이 되지 말라.

—장자

네 적은 네 안에 있느니라
집착을 거두고 마음을 비우라.

—석가여래

부유(富裕)와 부유(浮遊)

스티브 잡스가 췌장암으로 세상을 떠났을 때, 어느 신문사에서 췌장암을 극복한 나에게 잡스와 견주어 나의 치유비결을 물어왔다.
나는 투병기의 제목을 「부유와 부유의 간극」이라고 했다. 앞의 부유(富裕)는 억만장자인 잡스의 '부유'이고, 뒤의 부유(浮遊)는 암 선고를 받고 모든 것을 내려놓고 세계를 부유하며 자연치유에 의존했던 '떠돌아 노님'을 뜻하는 것이다. 잡스는 암을 이겨내기 위해 자기가 하는 일(휴대폰 개발)에 더욱 정력을 쏟아 많은 발명을 했고 돈을 끌어 모았다. 하지만 나는 파산한 나머지 떠돌이 생활을 하며 여행을 했다.

암 예방, 치유 그리고 사회복귀에도 중요한 것은 마음가짐에 달려 있다고 생각한다. 곧 무딘 마음으로 살아야 한다. 둔감력이 뛰어나면 어떤 암에 걸려도 두려워할 필요가 없다.

부유(富裕)보다

부유(浮遊)가

삶을 기름지게 한다.

암에 걸리는 이유에 대해서 많은 설이 있다.

흡연 유해물질, 매연 등 질소산화물 흡수, 방사선, 자외선 그리고 편식, 비만, 윌스설, 면역력 저하설이 있는가 하면 최근에는 자율신경설이 있다. 따지고 보면 편식과 비만도 자율신경의 실조(失調) 등의 이면에 있는 마음의 갈등 때문이다. 그 때문에 마음의 균형을 바로잡아 자율신경을 안정시키는 데도 바로 둔감력이 중요하다.

사랑이 병을 고친다

생명이란 한낱 물질면으로만 영위하는 것이 아니라 정신면이 더 중요하다.

같은 음식을 먹어도 그 정신상태에 따라서 체내의 화학변화가 달리 나타난다.

즉 정상적인 상태에 있어서도 우리 몸 안에는 늘 원자 전환이 이루어진다. 그 사람의 정신상태의 변화에 따라 그 원자 전환의 과정이나 종류가 달라지는 것이다.

–알렉시스 카렐(「인간, 그 미지의 것」 중에서)

무엇이 자기 자신에게 소중하며

무엇이 자기 자신에게 해로운가.

이를 제대로 관찰할 줄 아는 것이

건강을 지키는 최상의 지혜다.

건강은 개개인의 마음가짐 여하에 달려 있다.

–프란시스 베이컨

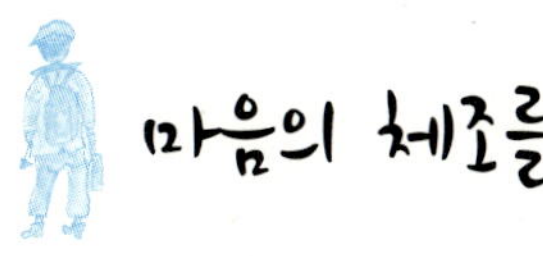

건강의 비결은 적절한 음식과 운동, 그리고 사랑을 베푸는 것이다.
이 세 양생훈(養生訓)은 자신의 건강을 남이 대신 지켜줄 수 없다는 교훈이다. 음식 · 운동 · 마음으로 고칠 수 없는 병은 결코 어떤 약으로도 고칠 수 없다. 그중 가장 소중한 것은 사랑의 마음이다.

건강이 개성적인 것이라면 3쾌(快), 곧 쾌식 · 쾌면 · 쾌변 등 건강에 관련된 생리나 규칙도 인간적 개성에 관한 규칙이라고 할 수 있다. 먼저 자신의 개성을 발견할 것, 그리고 그 개성에 충실하면서 그 개성을 나름대로 형성해 나가야 한다. 생리학의 원리와 심리학의 원리는 같은 것이다. 바꿔 말하면 생리학의 원리를 심리적으로 이루어야 한다.
이런 양생론의 밑바닥에는 자연철학이 내재되어 있다.

건강의 양생훈(養生訓)

그 무엇이 자기에게 이롭고

그 무엇이 자기에게 해로운가

이러한 관찰을 게을리하지 않는 것은

최대의 건강 지혜다.

—F.베이컨

이는 예부터 동서양에 모두 있었으며, 오늘날에는 더욱 요긴한 양생법이다.

여기서 말하는 자연철학과 근대과학과의 차이는 후자가 궁박감(窮迫感)에서 출발하는데 반해, 전자는 소유감에서 출발한다는 점이다.

잡스의 경우처럼 발명은 궁박감 끝에 나온다. 하지만 전자에서 발견하는 것은 마음이다.

근대의학은 건강의 궁박감에서 비롯된다. 병에 대한 두려움에서 생겨났다.

건강의 문제는 인간적인 자연의 문제이며 각 개인의 문제이기도 한다. 왜냐하면 이는 몸의 문제만이 아니다. 몸의 체조와 더불어 마음의 체조가 무엇보다도 소중한 것은 그 때문이다.

마음에서 찾아라

내 마음이 곧 부처다.

—석가모니

이해하지 못하면 소유하지 못한다.
네 자신의 내부를 찾고자하면 너의 모든 것을 찾게 되리라.
네 몸의 것을 네 마음에서 찾게 되리라.
그리하여 네가 자연스러움을 얻게 된다면
너는 만족하게 되리라.
대상의 넓이를 찾는 것은 배움이라 하고
대상의 깊이를 찾는 것은 발견이다.

—괴테

타성을 고치고 용서하라

인간은 타성이나 관습(습관)에 젖지 말고 진취적이어야 한다. 그러기 위해서는 끊임없이 배우고 고쳐야 한다.

인간은 감성과 이성을 아울러 지니고 있다. 곧 사유과정이라는 능력을 지녀 창조활동을 할 뿐만 아니라 여느 동물이 갖지 못하는 영성을 통한 영적 능력을 개발하고 행사한다. 그래서 인간을 '만물의 영장'이라 한다.

기독교에서는 인간이 하느님과 같은 형상으로 만들어졌다 하고, 불교에서는 내 마음이 곧 부처라고 한다.

특히 동양의 주객(主客) 일치 사상은 서양의 주객 분리의 사상과는 달리, 인간을 피조물로 보지 않는 인내천(人乃天) 사상이다. 그러므로 인간의 생명 곧 영적 가치를 찾는 배움이 필요하다.

모든 성현의 가르침은 용서의 덕목을 가르치고 있다. 남을 용서하지 못하고 분노하면 도리어 스스로의 건강을 해친다. 욕심과 집착, 분노와 증오는 건강의 최대 적이다.

암과 어울리기

암처럼 미스터리한(신비스런) 것은 없다.

암은 생명장(生命場)의 혼란으로 발생함으로

이를 치료하기 위해서는 마음의 다스림이 요긴하다.

사경(死境)에 접어들면 누구나 생명을 강력히 느낀다.

자연이 사람을 고친다. 암의 자연치유는 기적을 낳는다.

암과 벗하며 여유롭게 살아야 한다.

–앤 클로버

암은 밖에서 들어오는 것이 아니라 내 몸 안에서 생겨나는 괴물이다. 이를 극복하는 것도 결국 나 자신이다. 두려워하지 마라. 이겨낼 수 있다.

암을 이겨내겠다는 긍정적인 마음가짐이 병을 낫게 할 수 있다. 암과 싸우는 열쇠는 강한 생명력과 싸워 이길 수 있다는 긍정적인 각오다.

–데니스 노백

암의 공포심에서 해방 되자

내 몸은 내 생각대로 바뀔 수 있다는 것을 인지해야 한다. 상상의 병에 대한 공포가 실제로 병이 들게도 한다. 외부 사물이 스스로의 가정(假定)으로 사물 자체의 질서를 교란시킬 수 없는 것이므로, 무엇보다도 병에 관한 공포를 멀리해야 한다.
공포란 효과 없는 동요만 일어나게 하고 공포를 증가시킬 따름이다.

스스로의 생명은 옹근 것이며 자기 몸 안에는 훌륭한 면역력이 있음을, 곧 자신 안에 완벽한 병원이 있다는 것을 믿어야 한다.
내일 종말이 온다 하더라도 희망이라는 일체감으로 '사과나무 심는 마음'의 여유가 기적을 낳는다.

둔감력

어느 분야에서나 제 나름의 성공을 거두는 사람들은 재능 못지않게 반드시 좋은 의미의 둔감력이 있다. 무딤, 그것은 본래의 능력을 기르고 꽃 피우는 최대의 힘이다. 둔감력이 있는 사람은 암이 두렵지 않다. 그런 사람은 암에 걸리지도 않고, 설령 걸렸다 해도 바로 치유된다.

환경 적응력이 치유력이며, 그 적응 능력의 원점은 오감이 둔해야 한다.

이것이 장수의 비결이다.

–와다나베 준이치

건강은 마음의 평화와 동의어다

근대의 귀착지는 인간의 분해라고 말하는 이도 있다. 이와 함께 찾아온 것은 건강의 관념이 분열되기에 이르렀다.

현대인은 어느새 건강에 대해 완전한 이미지를 상실했다. 여기에 현대인의 불행이 있다. 어떻게 하면 건강의 완전한 이미지를 회복할 것인가? 이는 오늘날 인간이 풀어야 할 과제의 하나다.

근대 독일 철학자들이 생각한 것처럼 병이나 건강은 존재 판단이 아니라 가치 판단이라고 한다면 존재 관념이 모호해지기 마련이다. 평균적인 건강에 의해서 사람은 제각기 개성적인 건강에 대해서 본질적으로 파악하기 힘들게 된다. 만일 건강이 목적론적 개념이라면, 자연과학의 범주에서 벗어나게 된다.

건강은 인간적 자연의 문제다

건강은 한낱 신체의 문제가 아니다.

건강에는 몸과 함께 마음의 체조가 필요하다.

오늘날 자연철학의 상실이 건강을 잃게 하는 요인이다. 끊임없이 어려움과 싸워 이기는 것, 그것이 바로 인생이다. 건강은 마음의 평화와 동의어가 되어야 한다.

암과 공존(共存)하며 살아가야 한다.

암은 마음으로 죽일 수 있다

인간은 정신을 지닌 생물이다.

기생(寄生) 중인 암 '윌스'를 제거하면 완치된다.

암 세포는 인간의 건전한 상태일 때는 이내 소멸된다.

마음은 몸의 질서를 다스리는 동력이다.

—G. 다니구치

무딘 마음은 모든 능력을 키우는 힘이다

어느 암센터 간호사의 말에 의하면, 같은 암 환자라도 성격적으로 낙관적이고 둔감하며 꼭 고쳐야겠다는 의지의 소유자일수록 치유력이 높지만, 반대로 체념하거나 비관적으로 낙담하는 환자들은 치유율이 현저히 낮아진다고 한다.

암 세포란 인간의 몸에 얹혀사는 기생충에 불과하다. 주인이 양분을 주지 않으면 살아갈 수 없는 미물에 지나지 않는다고 한다.
암이란 인간의 마음가짐 여하에 따라 달라지게 마련이다. 여기서 중요한 것은 역경 끝에 다져진 둔감력이다. 설령 암이 걸렸다 하더라도 '이까짓 것쯤이야' 하는 자신감이 필요하다. 무딘 마음가짐으로 유유자적하며 대처해 나가야 한다. 암과 벗이 되어 함께 인생을 즐기는 낙천적, 긍정적 마음을 가져야만 암을 퇴치한다.

죽음은 삶의 연장이다

아파야 바로 산다.

내 몸을 아프게 하는 유전자, 그 유전자 덕분에 목숨을 건질 수 있다.

질병은 환경에 적응하기 위한 인간의 선택과 노력이다. 아파야 새 삶을 얻는다.

–샤론 모알렘

삶이 멜로디라면 사랑은 리듬이다.

죽음은 삶의 연장이며 새 삶을 위한 축제이다.

삶과 죽음은 같은 궤도 위에 있으며 동전의 양면과도 같다.

사람이 사람답기 위해서는 사랑으로 이어지는 죽음을 알아야 하며 늘 어린아이처럼 살아가야 한다.

슬플 때나 외로울 때나 병들었을 때에도 죽음이 본 삶은 삶이 본 죽음 이상으로 신비로울 것임에는 틀림없다.

맘을 비우면 암이 간다

맘이 아프면 암이 오고, 맘을 비우면 암이 간다.
병을 앓거나 역경에 처했을 때, 지혜로운 삶이 운명적으로 내게 다가온다.
어려움이란 언젠가는 끝나게 마련이다. 고난은 스스로를 뒤돌아보게 하는 망원경이다.
병 앓음은 참삶을 깨닫게 하는 축복이고, 죽음은 새 삶을 열어주는 축제이다.

죽음은 묵은 옷을 벗고 새 옷을 갈아입는 경사스런 일이다. 윤회로, 부활로 접어드는 신비로운 의식이다.
겨울이 오면 피하지 말고 겨울의 영혼을 느끼고, 겨울의 품안에 알몸으로 안기라.
자고 일어나는 것은 작은 꿈이지만 낳고 죽는 것은 큰 꿈이다.

아픔 뒤에 오는 마음

우리들이 앓는다는 것은 우연한 일이 아니다.

우리들을 거듭나게 하려는 저 높은 곳에 있는 어떤 존재의 배려이다.

나는 앓을 때, 그것이 슬픔의 시간이 아니고 우주를 수용할 큰 그릇이 될 기회라고 여긴다. 욕심으로 얽히고설킨 나를 헤쳐 구획 짓고 정리한다. 그리고 내면으로부터 사유하고 명상하며 책 속의 선인들을 만난다.

—한승원

명상은 불의(不意)의 방문객이다.

고독은 좌선의 조건이라기보다 결과이다.

이 불가항력의 침입자를 업신여기거나 아니면 온몸을 맡겨야 한다.

좌선에 조건이 없다는 것은 그것이 위로부터 내려오는 것임을 생각하게 하는 근본적인 이유이다.

—석주(昔珠)

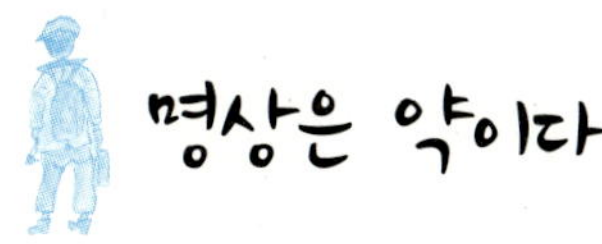

명상은 약이다

명상을 하지 않는 사상가나 종교인은 없다. 명상은 그들에게 비전을 제시한다.

무릇 창조적인 삶의 리더는 이미지를 포함하여 끊임없이 엄격한 사색을 해야 한다.

명상은 마음의 휴식이다.

마음은 생각하기와 더불어 한가로움이 필요하다.

명상은 감미롭다. 그 때문에 사람을 유혹한다.

명상의 감미로움 속에는 에로스적인 요소가 있다.

명상은 약과 동의어이다(meditation – medicine).

몸을 낫게 하는 마음가짐이다.

명상 속에 신비가 있고 구제가 있다.

나를 버리면 남이 보인다

자기 안의 불안과 두려움을 버리고 마음을 비우면

마음의 평화가 찾아온다.

내 것에 너무 집착하면 남이 보이지 않는다.

나를 버릴 때 비로소 남이 보인다. 남을 위함은 곧 나를 위함이다.

자선 사업가가 장수하는 것만 봐도 이를 알 수 있다.

나를 놓으면 세상이 보인다.

이웃 사랑은 자기 사랑이다.

기대는 갖되 과욕은 버려야

이기주의자가 되는 것은 자비와 상상력을 잃었기 때문이다. 더불어 사는 슬기가 필요하다.

이기주의자가 비정(非情)하게 여겨지는 것은 타인을 배려하는 마음이 부족하기 때문이지만, 그보다는 상상력 부족이다. 이처럼 인생에는 상상의 힘이 중요하며 가장 근본적인 것이다. 인간은 이성(理性)과 함께 상상력을 지녔다는 속성이 동물과 구별되는 조건이다. 자비나 배려도 이 힘이 곁들여야 한다.

실존적인 사람은 본질적으로 비정하다. 그러므로 실존주의의 끝은 허무주의다.

'Give and Take'는 기대의 원칙이다. 주면 받기를, 받으면 주어야 함을 생각하게 된다. 지나친 기대는 남의 행위를 구속한다. 이기주의자는 기대하지 않는 인간이다. 따라서 믿기 힘든 인간이다. 세월호 유병언 사건이 보여주듯 지나친 이기주의는 파멸을 자초한다.

인생을 즐겁게

여유롭고 부드럽게 살자.

부드러움은 말이 되어 비로소 생명을 지닌다.

부드러운 말은

사람들에게 생명을 심어준다.

삶에 매달리지 말자.

즐기며 누려가며 살자.

결점이나 모자람이 있어도

슬프고 괴로워도

단 한번만의 인생이다.

회한 없이 낙천적으로 살면

행복이 절로 온다.

서글플 때도 아플 때에도

나를 버리고 나를 비우자.

행복은 그 비움을 채워준다.

일에 얽매이지 말라

일에 너무 얽매이지 말라.

이따금 일상생활을 벗어나 나를 찾아 떠나라.

그러면 자유로워진다.

나르시시즘에 빠지지 말라.

머리 좋은 사람보다 노력하는 사람이 성공한다.

생활을 위해 노력하는 것도 중요하지만, 삶은 즐겨야 하고 누려야 세상을 이긴다.

생활을 위해 마지못해 노력하는 것보다 자발적으로 즐겁게 살아가면 불가능은 없다.

즐겁게 일하며 즐겁게 삶을 영위하면

엔돌핀을 능가하는 다이돌핀, 세레토닌이

분비되어 강한 면역력이 생긴다.

웰비잉과 웰다잉

나이 들면 죽게 되리란 사실은 누구나 알지만, 막상 자기가 죽는다는 것은 아예 생각하려들지 않는다. 이는 스스로를 속이는 일이다. 자기 죽음을 믿는다면 우리는 다른 사람이 될 터인데…

아픔과 죽음에 대해 좀 더 긍정적으로 접근해야 한다. 죽음이 필연이라면, 언제든 죽을 수 있도록 준비를 해야 한다. '웰 다잉'이 필요하다. 반드시 죽게 마련임을 안다면 삶에 더 적극적으로 참여할 수 있게 된다. 어떻게 죽어야 할지, 그리고 어떻게 살아야 할지도 배울 수 있다. 일단 죽음과 직면하면 모든 게 변하기 마련이다. 병들어 죽음을 의식하면 모든 것을 다 벗고, 알맹이에 초점을 맞추게 된다. 머잖아 죽게 되리라는 사실을 깨달으면 원초를 생각하게 된다. 죽음을 알리는 '암'에 걸리는 것은 어쩌면 축복일지도 모른다.

—모리 교수의 '마지막 강의'에서

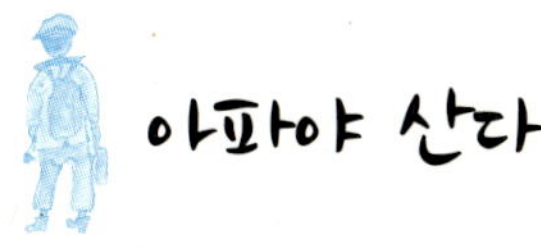

아파야 산다

사람들이 큰 병을 앓거나 역경에 처하게 되면 흔히 "죽겠다"고 외치곤 한다. '말이 씨가 된다'는 말이 있듯이 부정적인 생각은 부정적인 결과에 직면한다.

질병은 살아남기 위한 인간의 선택이다. 죽음이야말로 삶 중에서 가장 용기와 힘을 내어 겪어야 할 과정이다.

죽음은 내가 가진 모든 것을 버려야 완수할 수 있다.

사랑하는 사람들에게 못 다한 말을 하기 위해 마음 문을 열어야 비로소 아름답게 끝맺음을 하게 되는 것이다.

웰다잉의 마음가짐은 삶의 그 어떤 순간보다 행복하다는 모리 교수의 역설적인 유언처럼 풍요로운 삶은 죽음의 한 과정임을 받아들이는 데서 시작된다.

난치의 병도 자신의 마음가짐 여하에 달려 있다.

질병이나 역경은 재앙 아닌 큰 축복이다.

질병은 인간을 거듭나게 한다.

그리고 원초와 우주를 수용하게 하려는 하늘의 배려이다.

인간은 아파보아야 비로소 제대로 사는 법을 배운다.

Origin이 되라

세상에는 두 종류의 사람이 있다.
바로 'Origin'을 찾는 사람과 그 나머지 사람이다.
스스로 처음인 자, 게임의 룰을 만드는 자, 원초(기원)이 되는 자, 그리하여 세상을 지배하고 자신의 운명을 스스로 창조하는 자, 그게 바로 'Origin'이다.
나머지는 오리진이 이미 만들어 놓은 게임의 규칙 안에서 피 터지게 싸우는 사람들이다.

'오리진'의 사람과 아닌 사람은 경제적인 면에서도 수천 배 이상의 차이가 난다. 단적인 예가 애플의 아이폰이다. 스티브 잡스를 떠올려보라. 그가 만든 것은 오리진 제품이고 오리진 기업이다. 그들은 제품 하나로 세상의 규칙을 바꾸고 시장의 판을 새로 짜버렸다.

—강신장

원초를 찾는 마음

'한', '알', '삶'은 우리 겨레 얼의 원형이다. 한은 하나, 하늘, 양(陽)의 원형이고 알은 지혜, 알맹이(核), 밝음, 국토의 원형이며 삶은 하날(天)과 들(地)이 버무려진 생명의 원천이다.
원천과 근원, 그리고 원형(archetype)을 찾는 일은 창조 곧 '오리진의 마인드'이며 영감의 시발점이다.

'오리진(奧裏眞)'은 마음 깊은(奧) 속(裏)에서 진수(眞髓)를 찾아내는 값진 일이다. 최근 일고 있는 '창조 경제' 화두도 여기에서 비롯되어야 한다.

매사를 창조하는 마음으로 살자.
—Live Creatively
아름다운 마무리를 하자.
—Die Gracefully

무언인가에 쫓기듯 사랑을 찾으며
고독을 하소연하기 전에 주변에 널려있는
사랑에 눈떠라. 너무 조심하지만
말고 구애하라.

6부

사랑하는 마음, 사랑받는 마음

사랑은 몸과 마음의 마법이다

산들이 높은 하늘에 키스하고,

파도들이 서로 껴안는 것을 보라.

이것이 자연이다.

햇살은 대지를 껴안고, 달빛은 바다에 키스하지 않는가.

안타까워라. 당신이 키스와 포옹에 인색하다니!

—P. B. 쉘리

아름다운 몸의 힘은 나의 사랑을 숭고한 것으로 만들어준다. 그것이 나의 마음을 네 몸 속에 녹여준다.

—미켈란젤로

이처럼 사랑의 감정은 일종의 마법이다. 마음속에 싹튼 사랑을 몸으로 꽃피워야 행복한 연애 감정이 일어난다. 사랑은 주어야 받는다. 사랑은 받는 이보다 주는 이가 더 행복하다. 사랑은 해보아야 남을 사랑할 수 있다.

사랑을 붙잡는 마음가짐

눈으로 대화하듯, 말하기보다 귀 기울여 들어야 한다.

어깨나 손끝, 그리고 입술로 사랑을 이끈다.

사랑은 빛나기 위해 먼저 불타야 한다.

사랑은 입맞춤으로 점화된다.

입맞춤은 말보다 강한 프로포즈다.

스킨십과 입맞춤은 욕망의 표현에 앞선 사랑의 표현이다. 허깅(포옹)은 스스로를 위해 빼앗는 게 아니라 서로를 위해 주는 거다. 이는 동물들의 핥음에서 진화된 이성간의 묵시적 에티켓이다. 육욕만을 위한 성급한 포옹은 사랑을 위축시킨다. 껴안기에는 무한한 변화가 있고 가볍고 순수한 사랑의 기능이다.

알몸은 외설 아닌 예술이다. 몸만큼 아름다운 것도 신비하고 참스런 것도 없다. 몸이 즐거워야 마음도 즐겁고 건강해진다.

Loving is knowing how to live

이 세상에는 감탄을 금치 못할 일이 둘 있다.

램의 말처럼…

Loving is knowing how to live

Living is knowing how to love

–Charles Lamb

행복이란 꽃다운 사랑에 하나 되어 빨려 들어가는 것이다.

–W. S. 캐더

밤하늘의 별과 마음속의 사랑과 도덕률이다.

–E. 칸트

꿈, 행복은 사랑을 먹고 삶을 배운다

사랑한다는 것은 어떻게 사느냐를 가르쳐 준다. 빛나는 하늘에 별이 빛나듯 마음에 핀 꽃은 별이 되어 옹근다. 마음에 피어오른 꽃은 봄을 부르고 사랑의 물을 주어야 열매가 열린다.

마음에 핀 꽃은 젊은이의 꿈이요, 늙은이의 희망이며, 깨우침이다. 꿈과 희망은 사랑을 먹고 산다.

잠에서는 깨어나야 하지만 꿈은 꾸어야 한다.

아름다운 꿈에서 인생은 깨어나고, 참다운 깨어남은 인생을 설계한다. 꿈 없는 깨우침은 없고, 깨우침 없는 꿈도 없다. 꿈이 있는 한 인생은 아름다운 것이다.

깨우침 속에 핀 꿈은 아름다운 사랑의 꽃이요, 꿈속에 열린 깨우침은 빛나는 지혜의 열매이다.

밖에 핀 꽃은 시들지만 안에 핀 꽃은 시들지 않는다. 사랑은 안에 핀 꽃을 드러내는 마법이다. 사랑은 깨우침 속에 피어 행복으로 영근다. 삶은 사랑을, 사랑은 삶을 가르쳐준다.

선의는 운명적인 사랑을 이끈다

사랑하고 있는가, 사랑하지 않는가 하는 것은 우리들이 결정할 자유가 아니다.

–코르네이유

그렇다. 현명한 사람은 얼굴이 예쁘거나 잘 생긴 것을 사랑의 주요 대상으로 여기지 않는다. 생김새나 아름다움은 흡인력이 되기는 하지만 오늘의 생김새는 내일에는 평범한 것이 되고 만다.
하지만 예사로운 용모와 몸을 통하여 빛을 발하는 선의(善意)는 영원한 사랑을 이끈다.

사랑의 자기 진단법

운명적인 불가피한 사랑인가, 일시적인 도취인가?
양자의 징후는 비슷하고 처음에는 거의 같다. 이에 대한 자기 판단의 요점을 간추려보면,

① 불가항력적 사랑은 용모, 성격, 말솜씨, 사고방식 등에 끊임없는 매력을 느낀다.

② 상대방의 결점도 호의에 찬 눈으로 바라보게 되는 것이 운명적 사랑이다.

③ 쉬 뜨거워졌다 쉬 식는 것이 도취의 사랑이지만, 참사랑은 서서히 뜨거워진다.

④ 참사랑은 몰아(沒我)를 가르치지만, 도취의 사랑은 주관적인 감정으로 시종한다.

⑤ 상대방의 성적 매력보다 상대의 마음에 더 끌리지 않으면 참사랑이 아니다.

아픔 없는 사랑은 없다

프롬의 말처럼 사랑한다는 것은

한낱 감정이 아닌 결의이고

판단이며 약속이다.

⑥ 도취상태는 육체적 욕구가 선행하지만, 참사랑은 마음의 사랑이 더욱 깊다.
⑦ 애정 과잉으로 판단력이 약해지는 것이 도취적 사랑이고, 그렇지 않는 경우가 참사랑이다.
⑧ 참사랑은 장래를 진지하게 생각하지만 향락적인 사랑은 스스로의 쾌락을 우선하게 된다.
⑨ 참사랑은 신뢰감이 두터워져 제3자가 끼어들기 힘들지만, 도취적 사랑은 질투나 감정의 폭풍이 일게 마련이다.
⑩ 두 사람이 말다툼을 하게 될 때, 참사랑은 곧 후회하지만 도취적 사랑은 곧 짜증이 나는 등 감정의 기복이 심해진다.

하나 되는 작업

시간은 쏜살같다. 남자에게 있어 여자는 활이다. 여자는 남자를 구부릴 수 있지만 그를 따르게 마련이다. 여자는 남자를 당긴다지만 결국은 따르게 된다. 활과 화살, 한 쪽이 없으면 다른 한 쪽은 필요 없다.

–롱펠로우

시간의 속도는 마음먹기 나름이다.

사랑하는 두 사람의 시간, 보람된 삶을 삭이는 시간, 인격적 발자취를 남기는 시간으로서 한걸음 내딛어야 한다.

가장 깊숙한 영역으로 내려가 마음의 다리를 놓으면서 시간을 알맞게 쪼개어 생명의 힘이 양극을 흔드는 그런 하나 되는 작업이어야 한다.

사랑을 붙잡는 슬기

시간이란 눈에 보이지도 않는 불가사의다. 길게 느껴질 때가 있고, 짧게 느껴질 때가 있다. '망중한(忙中閑)'의 시간을 지닐 때 마음은 평화롭다. 마음이 시간을 느낄 수 있도록 담금질해야 한다.

롱펠로우는 애정의 생리를 잘 비유하고 있다. 바꿈질할 수 없는 시간을 받아드릴 수 있는 느긋한 마음과 용기, 이 양자를 가름할 수 있는 지혜가 필요하다.

가장 훌륭한 대화법은 상대방이 더 말을 많이 하게 하는 것이다. 입 밖에 나오는 말의 주인은 그 말의 노예가 된다. 사랑의 대화는 3분쯤 생각한 후에 말하는 것이 좋다.

아낌없이 주고 받는 사랑

사랑은 단순한 지배욕이 아니다.

사랑은 헌신이며 자기를 희생하는

마음 가짐으로 주고 받는 행위다.

우울할 때는 위로의 말보다 그저 동조하는 마음의 말이 중요하다. 사랑하는 사람이 함께 하면 즐거움은 두 배, 슬픔은 반 토막이 된다.

사랑의 끈을 굳건히 하려면 짤막하지만 사랑스런 언어를 가려 써야 한다.

사랑이란?

열정이 없으면 인간은 한낱 잠재력과 가능성에 불과하다.

—아밀

스스로 고뇌하다 말 것인가! 연애는 적극적으로 행동하지 않고서는 존재하지 않는다. —앙리 드레 니에

사랑이란 불가항력적으로 요구되는 불가항력의 욕구이다.

—R. 프로스트

조화란 순수한 사랑이다.
왜냐하면 사랑은 하나 되는 완전한 행위이기 때문이다. —L. D. 베가

사랑은 천국이요, 천국은 사랑이다. —W. 스코트 경

사랑은 행위이다

연인과의 만남은 결코 우연이 아니다.

우연일 경우도 있지만 스스로의 행동(노력)으로 얻는 사랑이 값진 것이다.

“내 마음에 기뻐하는 바를 남이 해주기를 바라는 바를 남에게 해주라”는 「마태복음(5장)」 말씀은 바로 사랑의 본질이다. 이와 같은 사랑에의 감수성을 키워가는 것이 지식 편중, 기술 우선의 오늘날 교육에서 잊혀 진 것을 되찾는 길이기도 하다. 우리 속에 이미 있는 사랑을 인지하고 이를 붙잡기 위한 만남을 찾아 나서야 한다. 그러기 위해서는 깨인 눈과 따뜻한 마음이 소중하다.

사랑은 행복의 근원이다. 사랑은 행하면 축복이요, 행하지 않으면 저주이다. 사랑은 주며 사는 일이기 때문이다. 이런 사랑의 소중함을 자각한다면 그런 짝(better half)를 애

사랑은 자립과 창조의 시작이다

사랑을 했을 때, 잊을 길 없는 순간을 돌이켜 보면
그 어디엔가 절대로 변하지 않는 양파의 심지가
있게 마련이다.

써 찾아야 하지 않겠는가. 우물쭈물하며 우연의 기회만 기다린다면 옹근 짝이 나타나기는 어렵다.

'사랑은 바로 행위이다.' 적극적으로 찾아 나서지 않는 자는 사랑할 자격이 없다.

좋은 짝을 찾아나서는 비결은 적극적 행동과 열정이다.

열의 · 희망 · 노력 거기에다 현명한 지혜가 필요하다.

사랑을 낳는 고마움

남에게 주는 것은 스스로에게 주는 것이다. –M. 모스

감사하며 그 문에 들어가라.
칭찬하면서 그 뜰 안에 들어가라.

–시편 100편 4절

인간의 행복이란 이런 마음가짐이 아닐까.
우리들의 일상생활은 늘 되풀이 되는 것들이다. 자칫 지루해지기 쉽다. 하지만 평범을 비범(非凡)으로 느낄 수 있는 그 삶은 빛난다. 감사한다는 것은 고마운 것이니 말이다.

백 년 전의 이 예언은 오늘에 이르러 그대로 적중하고 있다. '당연한 것, 평범한 것'을 고마운 것으로 여겨 '범사에 감사하는 마음, 두루 사랑하는 마음'으로 한껏 자유로워지는 삶의 지혜가 절실해졌다.

감사하는 마음을

삶을 사랑하고 감사하는 마음이 사람의 마음 구석구석까지 스며들 때 비로소 자신을 충만하게 할 것이다. '좋아한다'는 감정은 꼭 '사랑한다'는 뜻은 아니다. 좋아하지 않아도 사랑해야 될 때가 있다. '좋다'는 것은 자기와의 관계이지만 '사랑한다'는 것은 내 기호와는 관계없이 대상을 '가치 있는 것'으로 보는 것이다.

E. 프롬의 말처럼 "사랑한다는 것은 한낱 강한 감정만은 아니다. 사랑은 하나의 결의요 판단이며 약속"인 것이다. 사랑한다는 것은 축복이며 값진 마음의 소산이다. 이런 마음은 애욕과는 달리 매우 인격적이며 준엄한 것이다. 좋은 것, 아름다운 것을 보고 감탄하는 것은 누구나 할 수 있다. 하지만 그렇지 않은 '범사에 감사'할 수 있는 '힘'을 길러야 한다. 숨을 쉬고 있다는 것, 또는 푸른 하늘, 별이 총총한 밤하늘을 보며 감사할 수 있는 그런 마음가

짐이 필요하다.

범사에 감사함으로써 얻어지는 사랑의 충족감은 그 무엇과도 바꿀 수 없다. 이 값진 마음을 어떻게 기를 수 있을 것인가. 그 첫 단계는 대수롭지 않은 일상 하나하나에 감사하고 사랑하는 일이다.

우선 자기 자신이 얼마나 소중하며, 살아있다는 그 자체, 사랑하는 사람이 있다는 그 자체를 감사하는 일이다. 성경의 말씀처럼 스스로를 사랑하듯 이웃을 사랑할 줄도 알아야 한다.

사랑받는 마음가짐

자기주장을 하기보다 속삭이고 상대방의 행복을 기뻐하라.

작은 선물을 받고도 감사해라.

인간미를 느끼게 한걸음 물러서 있는 것처럼 보여라.

보디 터치로 옮길 수 있는 분위기를 만들어야

카스 못지 않게 뺨을 맞대도록 해야

소박하고 솔직한 마음이 마음 편하게 가까워진다.

순박함과 포용력이 매력으로 이끈다.

사소한 일에도 기뻐하자.

헤어질 때에는 기억될 만한 퍼포먼스가 필요하다.

바쁠 때에는 유머로 기분을 내자.

웃음과 아름다움을 늘 갈고 닦아야 사랑을 받는다.

단둘이 있을 때엔 부끄럼 없는 배려와 양보를 해야 한다.

사랑 만들기

소중한 만남을 꽃 가꾸듯 소중히 보살피려면 서로의 시간을 아끼고 자신을 순수한 마음으로 잘 나타내야 한다. 마음속에 연정을 적절히 표현하지 못하면 사랑이 제대로 영글기 힘들다.

말을 많이 하는 것보다 상대방의 말을 소중히 여기는 것이 요긴하다. 대화할 때에는 서로 눈을 마주쳐야 한다. 상대방에게 기쁘거나 좋은 일을 들었을 때에는 "정말! 너무 잘 됐다. 아이구, 좋아라"하며 순발력 있게 반응을 보아야 한다.

사랑은 주는 것이다. 사소한 것이라도 성심껏 주어야 한다. 비싼 것보다 기억에 남는 것을 주어라. 상대방을 기쁘게 하는 말이 큰 선물이다. "곁에 늘 있어줘, 그대 없이는 못살아." "뭔가 말해줘, 사랑한다는 말 늘 듣고 싶

사랑, 그것은 숱한 존재 가운데

최초로 움트는 것

사랑, 그것은 훗날

'사상'을 낳는 '알'맹이

어," "행복해서 울 것만 같애" 이런 진솔한 말은 사랑을 받는 요체이다. 언짢은 표정은 금물이다. 늘 웃음을 머금어라.
마무리가 중요하듯 기쁜 마음으로 헤어질 수 있는 인상적인 행동이 필요하다. 헤어질 땐 아쉬운 표정도 남겨야 늘 보고 싶어진다.

신체 접촉은 두 사람의 거리를 좁히는 지름길이다. 조용하면서도 깊고 뜨거운 사랑이 서로의 마음을 끌어들인다. 자기 본위의 아집은 접고 서로를 아끼는 마음이 사랑의 열쇠요, 삶의 열쇠이다.

미워하는 사람 자기 편 만들기

미워하는 사람이 있거든

첫째, 그 사람의 장점을 노트하라.

둘째, 그 사람이 잘 되도록 기도하라.

셋째, 그 사람을 기회 있는 대로 도와라.

넷째, 그 사람이 없는 데에서 여러 사람에게 칭찬하라.

그리하면 인간관계가 행복해진다.

역지사지(易之思之)하라.

– 명심보감

남의 입장에서 생각하라

미워하는 사람이 있으면 자기 스스로가 괴롭다. 그러므로 미워하는 사람에게 허물이 있다면 용서하고 그 사람의 장점을 찾아야 스트레스도 안 받고, 행복한 삶을 누릴 수 있다.

흔히 사람들이 모이면 남의 흉을 보거나 자기 자랑만 늘어놓고, 남의 말은 귀담아 듣지 않는다. 없는 사람의 흉을 보면 '발 없는 말이 천리 간다'는 속담처럼 그 사람의 귀에 들어간다.

최상의 화술(話術)은 두말 할 나위도 없이 남의 이야기를 잘 들어주는 것이다. 너그러운 사람이 되려면 늘 입장을 바꾸어서 생각해 보면 자연히 이해심이 생기게 마련이다.

발(跋) / 보람된 삶·사람

사람들이 외경(畏敬)하는 사람은,

첫째, 꿈을 꾸는 사람

둘째, 소유에 집착하지 않는 사람

셋째, 죽음을 두려워하지 않는 사람

넷째, 빈손으로 세상에 태어나

빈손으로 죽는다는 진리를 알고 마음을 비우는 사람이다.

선어(禪語)에 이금(而今)이란 말이 있다. 이는 '지나간 시간'과 '이 순간'은 되돌아오지 않는다는 뜻이다.

사람의 유형은,

동키호테형 : 생각 없이 행동만 하는 사람

햄릿형 : 행동 없이 생각만 하는 사람이다.

하지만 옹근 현대인이 되려면

역경(逆境)의 열매

남에게 외경을 받는 사람들은 야곱처럼 미움을 받기 쉽다. 업신여김을 받을 수도 있다.

하지만 이런 사람들은 갖은 어려움과 시련을 겪게 되고, 이를 통해 인간적으로 보다 성숙해질 수 있다. 굳이 남에게 잘난 체하거나 강해 보일 필요가 없다. 약점도 인정하며 있는 그대로를 노출하고, 가능한 한 유리하게 바꿔보자고 생각한 뒤에라야 열등감조차도 벗어날 수 있게 된다.

산은 높을수록 계곡이 깊고, 꿈 많은 사람은 깊은 시련 끝에 성취한다.

생각하며 행동하는 사람, 곧 남에게 외경되는 사람이다. 인생은 마음으로 믿는 대로, 그리고 심은 대로 거듭난다. 절대적인 마음과 생명의 진실은 '오늘', '지금' 뿐이다. 이것이 소중하다.

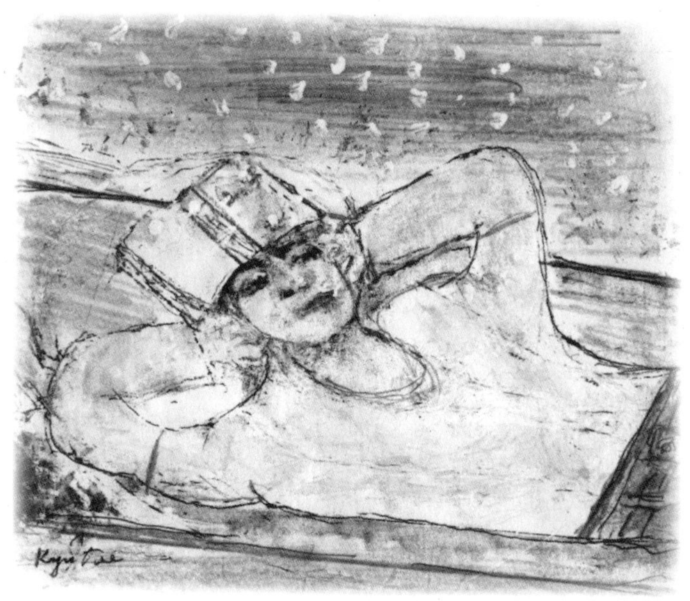

사람은 믿는 대상이기보다 사랑하는 대상이라고 여겨야 실망 없는 여유로운 삶을 누릴 수 있다.

스스로의 마음을 괴롭히고 불안하게 만드는 것은 다름 아닌 자기 자신이다. '나'를 믿고 스스로의 마음에 이 책의 감동적 아포리즘을 각인시키면 강력한 내 편이 움터 나와 '마음'은 약동하고, 삶이 한결 빛날 것이다.

나를 잊고 그 자체가 되자. 그리하면 '참 나'를 찾을 수 있고, 유연한 인간 본연의 마음을 되찾을 수 있다.

맘으로 암도
고치는 마법의 말
단테처럼 생각하기

글 · 그림 | 전규태
펴낸이 | 이충석
꾸민이 | 성상건

펴낸날 | 2015년 8월 5일
펴낸곳 | 도서출판 나눔사
주소 | (우) 122-080 서울특별시 은평구 은평터널로7가길
20. 303(신사동 삼익빌라)
전화 | 02)359-3429 팩스 02)355-3429
등록번호 | 2-489호(1988년 2월 16일)
이메일 | nanumsa@hanmail.net

ISBN 978-89-7027-170-5-03810

값 12,000원
잘못된 책은 바꾸어 드립니다.

이 도서의 국립중앙도서관 출판예정도서목록(CIP)은 서지정보유통지원시스템 홈페이지
(http://seoji.nl.go.kr)와 국가자료공동목록시스템(http://www.nl.go.kr/kolisnet)에서 이용하실 수 있습니다.
(CIP제어번호 : CIP2015021122)